직업선택을 돕기 위한

미래산업과 리더십

장이채 지음

KW 교우미디어

머리말

이 책은 학생들에게 미래 산업이 요구하는 다양한 학문적인 융합사고능력과 창의적인 사고능력 그리고 폭넓은 지식과 리더십을 가질 수 있는 기회를 제공하기 위해 저술되었다. 특히, 전공과 미래 산업에 대한 고민이나 애로사항이 있는 학생에게 자신의 강점을 찾도록 하고, 미래 산업을 이해하고, 학생자신의 지식, 기술, 재능, 리더십을 기반으로 하는 직업선택을 할 수 있도록 전공 설계 방법에 대한 내용을 다루었다.

이 책의 저술 목적은 학생 각자의 관심과 지적능력을 극대화하고, 학생 각자가 지니고 있는 강점과 캠퍼스의 교육시스템의 강점을 알고 이를 토대로 자신의 정체성, 비전, 리더십, 성공적인 대학생활, 미래 산업에서 직업선택을 위한 전공 설계를 계획할 수 있도록 하는 데 있다.

이 교재의 개발은 건국대학교(글로컬 캠퍼스)에 자율전공학부가 신설되면서 이에 속한 학생들이 각자의 전공을 1년 안에 설계해야 하는 과제가 부여되면서 출발하였다. 당시 국내에서는, 대학의 다급한 학사적 일정의 제약이 있었던 데다가, 전공설계의 새로운 과제를 효과적으로 해결하게 실질적으로 도움이 되는 문헌이나 교육경험을 찾아보기 힘들었다. 그런데 다행스럽게도 당시 아주대학교 경영대학에서는 [경력설계와 진로개발]이라는 과목이 전공선택으로 수년째 교수되고 있음이 알게 되었고, 이 과목의 담당이신 조병주 교수님과 연락이 되고 의견을 나누며, 교재를 얻어 살펴본 결과 본디 아주대의 이 과목의 목적이 학생들의 개별적 취업력 제고와 취업액션에 초점이 맞춰있었다. 그러나 교과과정과 교재를 면밀히 살펴볼 때 건국대(글로컬 캠퍼스)의 전공선택의 과제해결에도 즉시 적용이 가능하다는 점을 알게 되었다.

조병주 교수의 협력을 구하였고, 과연 취업력 중심의 교재가 전공설계 문제까지도 해결할 수 있는 열쇠가 되는지를 알아볼 필요가 있었다. 이를 위해 실험교실을 소규모로 진행하기로 결정하였다.(2009년 여름) 필자는 학습자 세 명의 학생들을 엄선하였는데 이에 선발된 학생은 류밀희, 윤상호, 이혜련(모두 2009학번)이다. 이들을 대상으로 5차의 걸쳐 실험교실이 인재학습프로그램 하에 운영되었다. 제1차(2009.7.20.), 제2차(2009.10. 23.), 제3차(2009.11.27.), 제4차(2009.12.23.), 제5차(2010.1.22.) 당시 자율전공학부장이었던 저자는 조병주 교수님을 실험교육과정의 지도교수로 모셨으며, 개발하신 [경력설계와 진로개발] 강의노트 [Where Do You Want To Land A Job?](제13차 개정본)를 교재로 삼고, 골자를 건국대(글로컬 캠퍼스)의 과제에 맞게 그 내용을 다듬어 인재학습교재를 만들었던 것이다.

필자는 인재학습의 실험교실 운영에 학생 세 명과 언제나 동시에 참여하였으며 그 과정을 기록하고 조병주 교수님이 그간에 축적해 오신 경력설계와 진로개발 교재 안의 수많은 이론과 이의 실천적 적용에 관한 지식에 접할 수 있는 기회를 얻었던 것이다. 특별히 조병주 교수님의 이 과목이 취업력과 취업액션을 중심으로 전개되고 있음은 다른 경력관계과목과 상당한 차이가 있었는데 이것은 오히려 건국대 글로컬 캠퍼스의 교육목적에 매우 적합하다는 결론을 내리게 되었다. 이 특별한 지식체계를 어느 정도 이해해내기 위해서 필자는 개인적으로 학습이 절대 필요했다. 필자는 이 새로운 분야의 학문적 이해와 교육적 경험을 얻는 데 있어서 조병주 교수님을 계속 필요로 했으며, 교수님께서는 2010년과 2011년 1학기 자율전공학부에서 진행된 인재학습 수업 및 실습에 필요한 전반적인 계획과 교육내용에 현장적으로 관여하셨다. 이에 더하여 필자는 거의 매주 진행된 토요학습세미나를 통해 교수님으로부터 개인적으로 지도를 받아왔다. 지난 3년 동안 교과과정의 설계, 진행, 그리고 교재의 개발에 심층적으로, 전반적으로 아이디어를 제공하시고 교수경험을 나누어주시고 지도해주신 조병주 교수님께 깊은 감사를 드린다.

이 책은 재론하거니와 교양과목인 [미래산업과 직업선택]이란 교양과목을 가르치기 위한 목적으로 저술된 것이다. 다시 말해서 건국대 글로컬 캠퍼스의 학생들을 전공의 설계와 결정의 문제해결을 도우려는 목적으로 발간된 것이다. 미래의 산업을 전망하고 직업을 선택할 뿐만이 아니라 필요한 지식과 기술을 체계적으로 갖추어나가서 결국 취업력의 발휘까지 바라보는 것이다.

저자는 자연과학을 연구하는 사람으로서 교육학적으로 볼 때 비전공자로 비춰질 것이다. 사실이며 이 새 분야의 개인적 연구경력이 충분하지 못함을 밝혀야 하겠다. 그래서 이 책은 저의 교육적 경험과 삶의 믿음, 그리고 성공적인 경력 경험 등을 많이 반영하고 있다. 더욱이 위에서 드러낸 대로 배우면서 동시에 가르치는 중이라 미비한 점이 많음을 고백한다. 이 책을 냄에 있어서 문헌을 참고했는데, 매우 제한적이고, 또 학사적 시간제약으로 인해서, 학술적 용어와 문맥, 문장의 기술에 있어서 일일이 허락을 득하지 못한 점이 있고 그 원천을 밝힘에 있어서도 많은 소홀함이 있어 원래의 저자들로부터 의혹을 살 수 있을 것이다. 필자는 다만 학생들이 어려워하는 문제 해결을 위해서 오로지 더 서두른 나머지 그런 중요한 사안에 그만 눈이 잠시 어두워져 그렇게 되었다고 보아주시면 감사하겠다. 많은 개념과 용어들, 어떤 문장까지도 조병주 교수님의 강의노트에서 다수 유래한 점을 여기서 밝히며, 후하게 허락하신 조병주 교수님께 특별히 감사를 드린다. 다른 원저자들을 간과한 잘못이 있을 것인데, 이런 잘못들은 발견되는 대로 또 지적해주시는 대로 즉시 고치도록 하겠다.

이 책을 출판하는데 여러 가지 어려움을 무릅쓰고 아낌없는 도움을 주신 교우사 오판근 사장님과 교우미디어 오상훈 사장님께 감사드린다.

2012년 2월
저자

차 례

Contents

제4장 직업선택을 위한 전공설계 로드맵 작성 방법 / 193

제1장 미래산업과 직업선택을 위한 기초

1.1 인간관계와 직업세계

1.2 경력 개발

1.3 왜 전략적으로 계획해야 하는가?

1 미래산업과 직업선택을 위한 기초

1.1 인간관계와 직업세계

1.1.1 자기관리

◆ 학생들의 각자에게 전공설계를 배부한다.

◆ 이를 성공적으로 개선하여 자기 자신의 재능을 찾는 로드맵이 되도록 한다.

(1) 자기관리는 필수적이다.

먼저 자기관리를 위한 생각과 태도를 알아보자[프란클[1]].

- 성공에 대한 집착을 버리라고 한다. 다시 말하면 욕심을 버리라는 말이다.
- 성공은 행복처럼 목적으로 추구할수록 문제가 발생한다.

---

1) 빅토르 프란클(V.E. Frankl): 모든 인간의 궁극적 자유는 주어진 상황에서 자신의 사고를 스스로 선택하는 데 있다.

■ 열심히 살고 성실하게 살면 행복이 오고 성공하게 되어 있다.

(2) 인간은 의미 있는 삶을 추구해야 한다.

■ 성실함, 꾸준한 자기전문성 추구, 이웃을 배려함, 사회봉사 등이 보다 참다운 의미가 될 수 있다.

■ 재물이나 성공, 그것이 의미가 되어서는 안 된다[2].

(3) 인생 재설계

■ 지금까지 각자의 인생 그래프를 그려 본다[3].

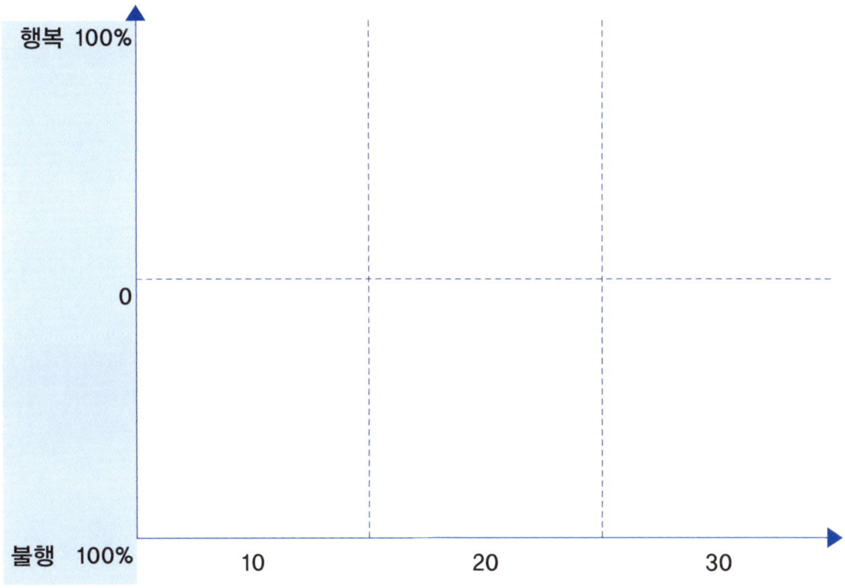

2) 명예나 인격 등에 관한 의미를 되새겨 볼만하다.

3) 고등학교까지는 어떠했는데 지금부터는 어떻게 하겠다는 내용을 토대로 행복지수를 적는다.

(4) 자신의 꿈을 나타내 본다.[4)]

◆ 인생에 있어서 나의 꿈은

◆ 꿈을 이루기 위해 오늘 나는

◆ 꿈을 이루기 위해 일주일 안에 나는

◆ 꿈을 이루기 위해 한 달 안에 나는

◆ 꿈을 이루기 위해 나는

(5) 시간 관리

■ 시간은 어떻게 가는가?

– 어릴 때는 기어가는 것 같다. 소년 때는 빠른 걸음으로 가고, 청년 때는 뛰어가는 것 같고, 장년 때는 구름처럼 날아가는 것 같다. 그리고 노년 때는 나에게서 지나가는 것 같다. 그래서 하루하루가 새롭고 귀하게 느껴진다.

4) 짧은 시간에 그냥 떠오르는 생각을 적을 때 자신의 자랑(개성화 강점)이 발견될 수 있다.

- 시간은 생각만큼 많이 남아있지 않다(보통의 미국인의 일생).
  - 외식 14,411번(맥도널드 1,811번 포함)
  - 텔레비전 시청 13년 4개월
  - 줄서기 5년
  - 어디다 두었는지 몰랐던 물건 찾기 1년
  - 결혼식 참석 35회
  - 운전 413,226마일
- 시간관리에 대한 효과적인 방법은 무엇보다 우선순위를 정하는 일이다.
- 시간관리의 기본 원칙
  - 목적이 무엇인가 다시 한 번 생각해본다.
  - 해야 할 일, 하고 싶은 일의 리스트를 작성한다.
  - 일의 우선순위를 결정한다.
  - 해야 할 일의 순서를 정하고 그 결과를 생각한다.
  - 수행할 일은 계획에 따라 끝내도록 한다.
  - 일은 서두르지 않는다.

1.1.2 직업세계

(1) 21세기 직업세계의 상황적 대변동

- 수명이 평균적으로 급격하게 늘어난 점: 현재 20대 젊은이는 평균 70년 이상 앞으로 살게 될 것이다.
  - 일할 기간이 파격적으로 늘어난다.
  - 평생 살아가는 데 필요한 현금흐름을 저축해야 한다.

- 직업시장이 지식기반적으로 바뀐다.
- 산업사회의 직업시장에서 21세기 지식정보사회의 직업시장으로 변화에 대응 필요.[5)]

(2) 직업시장의 변동

■ 달라지는 직업의 의미와 취업방법

- 직업시장에 실업과 전직이 만연하고 있다.
- 특이한 경영관행, 기업, 상식파괴의 가게, 레스토랑 등의 출현이다.

사 례

- 평사원 한명 없는 "아이디어 파크" 소개
- 정보기술(IT)제품 생산업체.
- 평사원이 한 명도 없다.
- 임원은 사내이사 7명, 사외이사 10명 등 16명
- 간부는 과장 3명, 부장 5명 등 8명
- 특이한 것은 발신자 표시단말기 등 IT 제품을 생산하는데도 생산부분 담당자는 생산팀장 딱 한사람뿐이다.
- 모든 제품은 OEM(주문자상표부착생산) 방식으로 만든다.
- 2000년도 매출액은 1억 2천만원
- 2001년도 매출액 10억 원 예상
- 성공의 열쇠는 아웃소싱을 통한 생산비와 관리비를 대폭 줄여 이를 아이디어 개발과 마케팅 부분에 집중 투자한 것이다.

5) 먼저 정보수집하고, 이를 실천하기로 나누어서 직업의 세계를 이해해 나간다. 특히, 정보수집은 전문가와 같은 나의 멘토가 될 수 있는 사람, 기관 등을 통해서 얻는다.

(3) 이력서를 꾸미고 자기소개서를 잘 쓰고 면접준비를 잘하면 되는가?[6)]

- 통념적 취업방법으로는 들어가기 힘들 것이다.
- 능력 특성과 업적 성취도가 중요하다.
  - 전문핵심 재능의 개발 필요: 아이디어 창출과 신제품개발 등의 기업에서는 전문적 핵심 역량을 중시함.[7)]
- 취업력(즉, 다시 고용될 능력)의 보유가 필요하다.
  - 어디서나 밥 벌어 먹을 수 있는 능력이다.
  - 전직의 능력을 의미한다.
  - 창업의 능력을 의미한다.

(4) 직업시장 변동의 큰 원인

- 지식이 경제를 주도한다.
  - 혁신적인 지식이 과학기술분야에서 폭발함.
  - 지식노동자의 대거 유입됨.
  - 지식이 돈을 따라다니던 시대에서 돈이 지식을 따라 봉사하는 시대가 됨.
- 일하는 방식의 변화이다.
  - Drucker(1992)[8)]의 1990년대 5개 영역에 대한 대 변혁: 사람이 일이 있는 곳으로 가던 시대에서 일이 사람이 있는 곳으로 옮겨 감. 상향적 경력기회가 보장이 안 되는 업무는 모두 분양(farm-out) 될 전망임.

---

6) 자신의 꿈이 있고 그 꿈을 만들어 가는 사람은 이력서나 자기 소개서를 원천적으로 잘 꾸밀 수 있다.

7) 사례) 안철수연구소, 스티브 잡스 등

8) Managing for the future: The 1990s and beyond, New York, NY: Truman Talley Book/Dutton, 1992.

사례 1

- e-learning system의 발전- 교사 일자리 위협. 작업변동과 붕괴는 지식의 내재적 성질 때문에 가속화된다.

사례 2

- 신상품 아이디어, 신소재, 통신속도, 새로운 생산방법, 획기적 원가절감, 첨단의료기 및 약품 등.

■ 직업개념 변질: 일자리에서 일거리 시장으로(인재학습 참조).

(5) 직업상황에서의 스트레스

■ 우리 몸이 원하는 적절한 생리적 조건들이 충족되지 못할 경우

■ 직업상황에서 상사, 동료, 후배들과의 인간관계가 원활하지 못할 경우

- **직업전환**: 직업을 바꾼다는 것은 자신이 잘못된 선택을 했고, 만족스럽지 않는 일을 위해 열심히 일해 왔다는 것을 인정하는 것이므로 인지적 균형상태가 깨어져 스트레스가 생김.
- **탈진**: 사람들이 함께 일하는 상사나 동료들에 대한 이해심을 상실하며, 지치고, 냉소적이 된 상태임.
- **실직**: 직업을 잃는다는 것은 수입이 없어지고, 생활방식이 달라지고, 사회적 지위가 상실되고, 자아존중감이 낮아짐.

- 은퇴: 자신을 충족시켜주던 사회적·직업적 지위가 사라짐을 의미한다.

1.1.3 교수와 학생의 인간관계

교수와 학생의 인간관계를 맺지 않고는 교육이란 존재하지 않는다.

(1) 교수와 학생의 인간관계

인간관계란 서로 호감을 갖고 친근감을 느끼며 신뢰감 있는 관계를 말한다.

■ 교수와 학생 간에 좋은 인간관계를 형성하기 위해서 교수의 유의사항 4가지[9)]

- 학생들에 대해 공정하게 대우할 것
- 학생에 대한 사랑을 가질 것
- 학생의 특성을 이해할 것
- 교수의 너그러운 태도를 보일 것

■ 교수와 학생간의 인간관계를 저해하는 요인[10)]

- 학생에 대한 애정과 교육의 결핍
- 교수로서의 소양, 실력 부족
- 학생들에 대한 편애
- 꾸중 및 처벌
- 교수의 무성의
- 학생에 대한 이해 부족
- 교수의 학생지도상(멘토할 때)의 그릇된 태도

9) "유도"해보자.
10) "극복"해보자.

■ 교수와 학생의 인간관계[11)]

- 세대적 질서 관계
  - 세대를 달리하는 관계
  - 문화유산 및 지식의 완성과 미완성
- 발전적 변화의 관계
  - 학생이 교수에 대해서 학문적 신뢰와 존중심을 갖는 태도로의 변화
  - 멘토와 멘티로서의 가르침과 배움으로 인한 변화
- 주변환경에 의한 변화의 관계
  - 국가사회(국민교육을 둘러싼 국가, 사회적 조건)
  - 지역사회(부모와 교수 및 멘토와의 관계)
  - 대학사회(친구관계, 교수와 동료교수관계, 교수와 직원관계, 단과대학 및 학과 동아리와의 관계, 각종 교육 프로그램과의 관계)
  - 전공사회(전공학과 학우관계, 교수와 다른 학우들과의 양자관계)
  - 2자관계(교수, 학생)
- 애정결합의 관계
  - 교수와 학생 간의 관계가 애정의 바탕 위에 맺어지는 사랑의 실천(인간적 헌신과 가치의 창조)로 이루어짐
  - 교육애의 구체적인 실천(이름을 불러주는 애정 표시, 멘토로서의 제자사랑 등)

11) 이렇게 되도록 "노력"해보자.

- 권위의 관계
  - 교육에 있어서는 교수가 전공 지도교수이고 학생은 그 지도를 받는 관계이다.
  - 이성적 권위와 억압적 권위에서 이성적 권위가 바람직하다.
  - 자신의 이상과 일치하는 교수의 권위를 동경하고 존경한다.
- 전공지도의 관계
  - 가르치고 가르침을 받는 관계: 지극한 교육애와 전문적 지식을 열성적으로 가르침을 통해 학습관계가 형성·유지된다.

(2) 교수와 학생 간의 바람직한 관계

맥루한(Marshall Mcluhan)[12]은 "전달매체[13]가 곧 전달내용이다"라고 하였다.

전달매체 그 자체가 전달 내용이 된다면 교수와 학생 간의 교육활동에 있어서 교육내용을 전달하는 교수 그 자체 또한 교육내용이 될 수 있다고 볼 수 있다.

■ 상호 인격적 친교의 관계

- 교수와 학생 둘 다 자유로이 활동하는 인격체로서 각각의 인격이 '서로 만남'[14]을 의미하는 것이다.

---

12) 1964년 저서 『미디어의 이해』에서 '미디어는 메시지다', '미디어는 인간의 확장이다' 등의 명제를 제시하여 오늘날 흔히 쓰이는 미디어의 개념을 정립하였다. 이어 1967년에는 저서 『미디어는 마사지다』에서, 뉴미디어가 촉각을 자극하는 기능을 수행할 것이라고 예측하였다.
13) 실험기자재, 전공교수 등
14) 의사소통에서 더 구체적으로 배운다.

사 례

• 자동 판매기
반응하지만 사람과 같은 감정을 서로 주고받지 않는다.

■ 구도적 동반관계

– 교수와 학생과의 관계를 우열적 상·하 관계로 보지 않고 진리와 삶 앞에 적나라하게 서 있는 구도자의 관계로 보는 것이다.

사례 1

• 비인격적 관계의 결말
이 나그네는 망설였다. 쓰러진 나그네를 보살피거나 업고 가다가 지체하면 자기마저도 동사할 것이라는 생각에 못 본체하고 지나쳤다. 결국 이 나그네도 얼마 가지 못해 추위로 동사하고 말았다.

사례 2

• 인격적 관계의 결말
이 나그네는 쓰러진 나그네를 업고 구슬같은 땀을 흘렸으며, 등에서는 따스한 체온이 솟아나와 업힌 나그네의 가슴에 전달되어 온몸을 녹여주었다. 결국 둘 다 살았다.

■ 상호 포용적 관계

– 교수와 학생이 정체성(identity)을 지니면서 상대편의 삶에 동참함으로써 자기 생의 실현을 맛보는 것이다[15].

사 례

네 이웃을 네 몸과 같이 사랑하라.[16]

■ 상호 개방적 신뢰의 관계

– 교수와 학생이 신뢰의 분위기 속에서 서로의 삶 앞에 자기자신을 드러내어 주는 것을 의미한다: 멘토와 멘티 관계에서 매우 중요한 것으로 보인다.

■ 상호개성의 조화적 관계

– 교수와 학생이 각각 자유로운 개성적 존재로서 '서로 만남'을 하는 관계를 의미하는데, 이를 통해 창조활동이 이루어진다고 본다.

– 뚜렷하고 특색 있는 독립적 인격을 서로 보장할 때 조화적 관계가 성립될 수 있다.

15) 교수는 학창시절이 기억날 수 있고, 학생은 교수의 모습에서 미래를 상상할 수 있다.

16) 둘째 계명은 그와 같으니 네 이웃을 네 몸과 같이 사랑하라 하셨으니. (마태복음 22장 39절)

1.2 경력 개발(Career Development)

1.2.1 어떤 지식을 개발해야 직업을 찾는가?

- 내가 가장 하고(doing) 싶은 일, 가장 흥미를 느끼는(feeling) 지식, 가장 생각(think)나게 하는 아이디어들이 무엇일까?
  - 그 직업을 갖고 싶은 마음이 생긴다.
  - 그 직업을 흥미롭게 느낀다.
  - 그 직업을 자꾸 생각하게 만든다.

    ⇨ 그래서 그 직업에 관계된 업무들을 하고 싶다.
    그 직업에 필요한 지식을 배우면 기분이 좋고 흥미를 느낀다.
    그 직업을 발전시킬 아이디어들이 떠오른다.
- 어떤 준비과정(전공설계)을 거쳐 자신이 원하는 직장에 들어갈 수 있을까?
  - 준비과정(전공설계)에 대한 이해
  - 원하는 직장에 대한 이해

(1) 직장생활과 인간관계

- 직장생활을 어떻게 할 것인가?

분류	직장(일거리)	지식	나의 강점
이 일은 정말 나에게 맞는가?			
내가 과연 이 일을 잘할 수 있을까?			

■ 직장생활[17)]에 임하는 자세

- 직장에서 원하는 것은 유능한 사람을 얻어서, 그들이 자신의 업무를 이해하고 책임 있게 잘 감당할 수 있도록 훈련시키고, 그들을 통하여 이익을 얻는 것이다.

  ⇨ 이를 성공적으로 성취하기 위한 전공설계는 어떻게 만들 것인지 고민한다.

(2) 대인관계 기술

■ 직장생활은 다른 사람과의 관계 속에서 이루어진다.

■ 전공설계를 통해 아래 내용들을 훈련하고 습득한다.

- 감정이입을 하라.
  - 감정이입을 한다는 것은 상대방의 관점에서 세상을 보려고 시도하는 것이다.
  - 감정이입을 통해서 상대방의 감정(교양과목 등)과 경험(전공관련 지식 등)들을 자신의 경험 속에 재창조할 수 있다면, 다른 사람들을 보다 더 이해할 수 있고 그러한 이해는 사람들과의 관계를 강화시키게 된다.
- 선입견을 배제하라.
  - 서로간의 차이점들이 의사소통을 방해할 것이라고 생각하지 말고, 자발적으로 마음을 개방한 상태에서 상대의 이야기를 듣는 것이 중요하다.

    ⇨ 전공설계에서 교과목 수강을 통한 경험을 통해 해결해야 한다.

---

17) 대학생활에서 수업시간 혹은 실험시간에서의 습관이 사회 나가서 직장생활에서도 연장된다고 볼 수 있다.

- 피드백을 교환하라.
  - 의사소통이 잘 이루어지고 있다고 느껴지더라도 자신이 상대방의 이야기를 잘 이해하고 있는지 확인하는 것은 매우 중요하다.

사 례

"제가 당신의 이야기를 정확히 이해하고 있는지 잘 모르겠네요."라고 하면서 상대방이 말하고자 했던 내용을 자신의 말로 정리하여 자신이 이해한 것을 피드백할 수 있어야 한다.

- 경청하라.
  - 경청이란 단순히 상대의 말뿐 아니라 그 사람의 사상과 감정까지를 들을 수 있는 '마음의 귀'를 작동시키는 적극적인 행동이다.
- 권력과 조작[18]에 의한 전달을 피하라.
  - 때때로 사람들은 자신의 지위나 능력을 이용하여 자신이 원하는 방식으로 권력과 조작을 사용하고 싶어 한다.
- 일대일의 의사소통하라.
  - 일대일의 관계는 이해와 존중이 포함된다.

사 례

'나는 당신의 현재 모습을 수용하고 존중한다'고 할 수 있어야 한다.

18) 어떤 일을 사실인 듯 꾸며 만듦.

– 타인의 의견을 수용하기 위해 노력하여라.
  • 수용한다는 것은 타인과 타인의 견해에 대해 존중하고 배려한다는 것, 타인의 장점을 인정하고 강화시켜 주는 것을 포함한다.
– 자기 자신과 상대방을 신뢰하라.
  • 의사소통이 어려운 경우에라도 자신과 상대방을 신뢰하라.

1.2.2 일거리와 경력 개발

◆ 가장 좋아하는 일거리에서 필요한 기술을 배우기가 가장 쉽다.

(1) 지식(기술 포함)과 취업력

■ 지식[드러커(Drucker, 1993)[19]]
– 지식이 정보이지만 오늘날의 지식은 "효과적으로 작용하는 정보, 성과에 초점을 맞춘 정보"여야 한다고 강조한다.
– 자료(data)에 타당성(relevance)과 의미(meaning)가 부여될 때 정보(information)가 되며, 사람에 따라 정보가 될 수 있다.

■ 기술
– 이와 관련된 지식을 바탕으로 하면서 생산적인 응용을 위해 연마된 숙련성이라 한다.
– 기술로 응용력이 숙달되어 있지 않은 지식은 단지 쓸모없는 지식일 뿐이다.

19) Jordan Hill, *Post-capitalist society*, Oxford: Butterworth-Heinemann.

(2) 상황의 변화와 강점의 개발

■ 버킹험과 클리프톤(Burkingham & Clifton, 2001)[20)]

– 재능이 지식과 기술에 앞서 기본적으로 중요하다.

사 례

판매 강점(a strength of selling)은 먼저 사람을 설득하는 재능(talents of persuade people)이 선행적으로 필요하다.

(3) 일의 세계

■ 인재학습에서 배운 "라이프스토리, 성취스토리, 성인직업적성검사, 성인직업가치관검사, CTI검사, MBTI-formG 검사" 등을 통해 직업적 성향의 윤곽을 안다.

■ On-line Resources

– www.jobhuntersbible.com: Bolles의 인테넷 사이트인데 이것을 통해서 취업과 관련된 온갖 자원을 접속하여 이용할 수 있다. 이 곳은 취업과 경력 바이블 사이트이며, 취업과 경력개발에 관한 광범위하고 유용한 정보를 접할 수 있다.

---

20) Now, Discover Your Strengths, The Free Press, 2001. 학위논문: The revolutionary program that shows you how to develop your unique talents and strengths-and those of the people you manage. Based on the Gallup study of over two million people.
서평: "Most Americans do not know what their strengths are. When you ask them, they look at you with blank stare, which is the wrong answer."-Peter Drucker

- www.occupationalinfo.org: 이 사이트는 직종사전을 on-line 화한 곳이다. 직업분류와 명칭에 대한 정보를 체계적으로 볼 수 있다. 특히, 첫 화면에서 ONET Occupational Information Network로 접속해 들어가면 직업/직종이 나열되어 있다.
- www.work.go.kr: 워크넷 사이트는 한국직업정보시스템으로 직업의 종류, 분류, 내용 등 다양한 정보를 얻을 수 있다. 상기 두 개는 외국 사이트이고 이곳은 국내의 직업에 관한 정보를 알아볼 수 있다.
- www.law.go.kr: 정부 각 부처의 부속 기관 직제 및 직제시행 규칙에 대한 정보이다. 특히, 국가 공무원 직업에 대한 정보를 얻을 수 있다.

1.3 왜 전략적[21]으로 계획해야 하는가?

■ 나에게 꿈이 있다면 어떤 역경도 즐겁게[22] 이겨낸다.

사 례

안네의 일기

'안네 프랑크'는 독일의 프랑크푸르트의 이름 있는 유태인의 집안에서 태어났다. 안네는 은행가인 어버지와 언니 마르고트 등 가족들과 부족함이 없는 어린 시절을 보내고 있었다. 안네에게 불행이 찾아온 것은 독일의 히틀러에 의한 유태인 탄압으로부터 시작되었다. 제2차 세계대전이라는 인류의 불행한 전쟁을 일으킨 히틀러가 유럽에 있는 유태인에게 갖가지 박해를 저질렀고, 안네의 가족은 박해를 피해 정든 고향 프랑크푸르트를 떠나 이웃 나라인 네덜란드의 암스테르담으로 이사하여 살게 되었다. 안네는 그곳에서도 유태인이란 것 때문에 몬테소리 학교를 다니지 못하고 유태인들만 다니는 학교에 다니게 되어 어린 마음에 상처를 입었다. 안네와 같은 유태인을 못살게 구는 탄압이 갈수록 심해지자 유태인들은 정들었던 마을, 이웃과 헤어져 다른 나라로 피해야 할 때 안네의 가족은 감옥 같은 곳으로 숨지 않을 수 없었다. 만약 숨지 않고 독일의 비밀경찰에게 잡히면 '아우슈비츠' 등 수용소에 끌려가 견딜 수 없는 중노동과 죽음을 당하기 때문이다. 어린 나이의 안네는 왜 유태인이라는 것 때문에 죄 없는 사람들

---

21) 불리한 상황을 유리한 상황으로 바꾸고 싶을 때 필요한 것이 전략이라고 생각할 수 있다.

22) 환경극복+지혜(멘토 등 도움 받을 수 있음)+지식(교육)+인턴(체험)을 통해 꿈을 이루어낸다.

이 짐승처럼 잡혀가서 매 맞고 억울하게 죽음을 당해야 하며, 인류가 모두 몸서리치며 싫어하는 전쟁을 일으킨 사람들이 너무나 미웠다.

안네는 1943년 1월 13일에 쓴 일기에서 '키티, 바깥세상은 너무도 무서워. 불쌍한 유태인들이 밤낮 없이 끌려가고 있어. 그들은 끌려가면서 가진 것을 모조리 빼앗겨. 그리고 남자와 여자와 아이들을 따로 떼어 놓아, 가족이 산산이 흩어지게 되고 말아'라는 일기를 쓸 때의 안네의 마음은 어땠을까? 아마도 안네는 유태인을 박해하는 사람들에 대한 분노와 나도 잡히면 맞거나 죽임을 당한다는 불안으로 하루하루를 보냈을 것이다.

'안네의 일기'에 담긴 안네의 훌륭한 점은 그 같은 불안한 처지에서도 자신의 생활, 같이 생활하는 사람들과의 관계, 느낌을 꾸준히 기록했다는 것이다. 숨어서 살고 있는 안네의 마음을 읽어 볼 수 있는 일기를 한 가지 읽어보면, '1943년 10월 29일 키티, 나는 가끔 견딜 수 없는 우울에 빠져. 특히 일요일에는 더 해. 주위의 분위기가 숨 막힐 듯이 답답해. 납같이 무겁고 괴로워. 밖에서는 새 소리 하나 들리지 않아. 죽음 같은 고요함이 어디나 다 뒤덮어, 나는 깊은 땅 속으로 끄려 들어가는 것만 같아. …… 나는 날개가 부러져 캄캄한 밤에 혼자 둥우리를 지키며 노래를 부르는 새 같은 심정이야. 어떤 때는 이 방 저 방을 헤매기도 해. 그리고 계단을 오르락내리락 해보기도 해. 밖에 나가서 신선한 공기를 마시고 싶지만 그렇게 할 수가 없어. 쓸쓸함과 공포감을 떨쳐 버리고 시간이 빨리 지나가 버리도록, 나는 긴 의자에 몸을 기대고 잠을 자 버려. 이것밖에 달리 시간을 보낼 방법이 없어'란 일기에서 안네는 친구들과 명랑하고 활발하게 뛰놀며, 산과 들에서 나무, 풀과 친해보고자 하는 희망이 전혀 실현될 수 없었으니 얼마나 막막했을까?

그러나 '안네의 일기'는 1944년 8월 1일로 끝이 났으니 마지막 일기를 쓴 3일 뒤인 8월 4일 독일의 비밀경찰에게 숨어 살던 곳이 발각되어 같이 숨어서 생활하던 사람들과 함께 잡혀갔다. 그 후 안네에게는 불행한 일이 계속되어졌다. 안네의 어머니는 독일 병사가 언니인 마르고트를 놀리는 것을 말리다가 얻어맞고 어디론지 끌려가 버렸다. 안네와 마르고트는 1944년 10월 30일 독일 베르겐 베르젠 수용소로 옮겨졌으며, 안네와 마르고트는 장티푸스에 걸려 격리 수용되었다가, 언니가 쇠약해져 침대에서 떨어져 죽었다. 언니의 죽음과 주변의 공포에 시달리던 어린 안네는 온몸의 힘을 잃고 3월초 15세의 나이로 세상을 떠나고 말았다.

'안네의 일기'는 독일 비밀경찰이 안네가 숨어 살던 곳의 물건 등을 옮겨 갈 때, 청소부가 흩어진 신문지들 사이에서 몇 권의 노트를 주웠는데 그 것이 바로 '안네의 일기'였다. '안네의 일기'는 그 후 몇 사람의 손을 거쳐 1947년 6월 암스테르담에서 처음 출판된 뒤 세계의 많은 나라에서 번역, 출판되어 읽히게 되었다.

■ 꿈과 희망을 가진 사람이 훌륭한 리더가 될 수 있다.

1.3.1 공부 계획 (Study Plan)

◆ 공부계획(전공설계)[23]은 나의 강점을 좀 더 효율적으로 개발할 수 있다.

◆ 나만이 갖고 있는 재능(특별한 재능)을 발견하고 이것을 많은 사람에게 도움 주는 일거리를 찾는 사람이 리더이다.

(1) 리더의 자질[24]

■ 건강

- 독일의 정치사회학자인 베버는 정치지도자의 자질을 "열정, 책임감, 균형감각 있는 판단력"으로 보았다.

■ 열정

- 역사상 위대한 리더들은 불꽃같은 열정을 가진 사람들이어서, 무엇인가를 성취하고자 하는 욕망의 용광로로 비유된다.

---

23) 캠퍼스 전공 홈페이지들을 둘러본다.

24) 참조로 미국의 가드너(Gardner, 1990)는 리더의 자질을 13가지로 분류하였다.

"육체적 활력과 정력,
기꺼이 책임지려는 자세,
과업 수행 능력,
추종자/구성원 및 그들의 요구에 대한 이해,
사람 다루는 수완,
성취하려는 욕구,
동기를 부여할 수 있는 능력,
용기, 과단성, 확고부동함,
신뢰의 획득과 유지능력,
경영하고, 결정하며, 가치 우선순위를 결정하는 능력,
자신감,
주도, 지배, 단호함,
방법의 적용 능력과 유연성."

사 례

"어떤 일을 맡는 것을 피할 수 없는 것이라면, 차라리 그 일을 하는 것을 즐기기로 해요"라고 답했다. 또, "우리 모두 어떤 일을 시작한 바에는 완수하도록 하고, 완수할 바에는 잘하도록 하고, 또 잘할 바에는 남다르게 하고, 남다르게 할 바에는 의미 있게 해보도록 하자"라는 제안을 했다.

- 판단력
  - 리더의 판단은 넓게 그가 속한 집단과 환경에 대한 진단과 미래에 대한 비전을 포함한 안목과 비전을 실천하기 위한 전략의 채택을 포함하는 것을 의미한다.
- 책임감
  - 어떤 사회이든 어떤 문제가 발생했을 때 문제의 해결을 위해 누군가가 어떤 결정을 내려야 할 상황이 존재한다. 아무도 나서지 않을 때 리더는 문제의 해결을 위해 주도적으로 나서야 하며, 또 스스로 주도권을 행사하고 결정을 내린 부담을 져야 한다.

사 례

미국의 트루먼 대통령은 재임 중 "모든 책임은 여기서 끝난다."라는 글을 책상 위에 써두었는데, 책임감 있는 리더의 면모를 보여주는 대목이다.

■ 용인술과 정치력

- 리더는 집단이 지향하는 공동의 목표를 달성하기 위해 일할 사람을 다루고 다른 사람의 협력을 끌어내기 위해 용인술과 정치력이라는 기술이 있어야 한다.
  - 전공설계의 가장 기초는 멘토를 찾아 정보를 얻는 일이다.
  - 용인술은 집단 내 인재를 활용하는 기술이다.
  - 정치력은 외부집단과의 협력을 끌어내는 기술이다.
- 리더는 함께 일하는 구성원의 자질을 알고 그들의 요구를 제대로 이해하고 있어야 집단 내 갈등을 줄이고 통합을 이룩할 수 있으며, 구성원에게 동기를 부여하여 업무를 효율적으로 수행할 수 있다.

(2) 리더십의 유형

■ 리더십은 리더의 성격, 상황, 목표 등에 의해 다양하게 분류될 수 있다.

■ 신완선(2002)의 컬러리더십에 대해 소개하고자 한다.

리더십 컬러	키워드(접근 방식)	영어로 한마디	컬러리더십 특징
서번트 리더십	사랑(Affinitative)	People come first.	복잡한 갈등이나 대립을 해소하고 싶다.
브랜드 리더십	창의(Creative)	Think different, act different.	차별화된 경쟁력을 만들고 싶다.
사이드 리더십	예방(Democratic)	What do you think?	의견 수렴을 통해서 공감대를 확립하고 싶다.
파워 리더십	성실(Pacesetting)	Do as I do, now.	팀으로부터 즉각적 결과를 만들고 싶다.
슈퍼 리더십	지식(Delegating)	Do it your self.	권한 위임을 통해서 책임을 명확히 하고 싶다.
비전 리더십	비전(Authoritative)	Come with me.	새로운 비전이나 방향 설정이 요구되는 환경이다.
변혁적 리더십	용기(Coaching)	Try this.	업무능력을 개선하여 장기적 경쟁력을 만들고 싶다.

토의 1: 나의 리더십은 어떤 유형에 가까운가?(발표)

리더십 컬러	나는 ( )% 해당	성취도 제목 및 키워드	컬러리더십이 돋보이는 환경
서번트 리더십			
브랜드 리더십			
사이드 리더십			
파워 리더십			
슈퍼 리더십			
비전 리더십			
변혁적 리더십			

1.3.2 미래 지식

◆ 전공설계를 잘 만들기 위해서는 미래 내가 살아가면서 일거리를 제공해주는 취업 프로세스와 이때 필요한 지식들을 체계적으로 알아야 한다.

(1) 취업력을 기르는 전공설계를 하자

■ 취업력

– 한 개인의 검증된 개성화 강점으로 일 기회를 찾거나 창조해서 자신을 고용시키는 책임과 능력

■ 취업프로세스

- 취업력의 행사의 과정이며 목적은 원하는 취업에 있다.
- 기존의 취업연구
  - 파슨스(Parsons, 1909, Choosing a vocation: 직업선택)
  - 볼스(Bolles, 2008, What color is your parachute?: 당신의 낙하산은 어떤 색깔인가?)
  - 삭스(Saks, 2005, 통합모델)
  - 던컨(Duncan, 1986, 직업탐색의 행동 다이나믹스)
  - 드러커(Drucker, 2008, Management)

(2) 취업프로세스를 뒷받침하는 전공설계가 되어야 한다.

■ 드러커 취업프로세스

- 경력과 취업의 성공은 개인의 강점을 효과적으로 마케팅 할 수 있는데 있다.
- 21세기 직업시장이 지식기본으로 작용하고 있기 때문에 지식 근로자들 각자에게 특별한 임무(재능)가 주어졌다.
- 스스로 자기 커리어에 대한 책임을 평생 지고 살아야 한다.
- **취업프로세스 과정적 요점 4단계**
  - 단계 1: 나의 강점은 무엇인가? 나의 기질은? 가치관과 학습 스타일은 어떠한가?
  - 단계 2: 내가 속해야 할 곳은 어디인가? 속하지 말아야 할 곳은?
  - 단계 3: 내가 기여해야 할 것은 무엇인가?
  - 단계 4: 나와 관계할 상대의 강점, 가치관, 기질은 어떠한가? 이를 알고 있으며 이들과 커뮤니케이션을 할 수 있는가?

■ 볼스의 취업프로세스(2008)

- 볼스의 구직방법은 삶 전환적 구직방법(life-changing job-hunting method)이다
  - 이를 효과적으로 뒷받침 할 전공설계가 요구된다.
- 취업에 가장 효과적인 3단계
  - 단계 1: 내가 세상에 내놓을 특기가 무엇인가?
  - 단계 2: 나의 특기를 어디에서, 누가 필요로 하는가?
  - 단계 3: 나를 필요로 하는 사람에게 어떻게 다가가 만날 것인가? 나를 어떻게 설명하고 설득할 것인가?

■ 홀데인의 취업프로세스(2007)

- 구직과 경력에서는 강점의 파악이 가장 중요하다.
- 강점 파악의 방법으로 과거의 개인적 활동/사건을 기억하게 한다.
  - 성취스토리, 라이프스토리를 쓰도록 요구한다.
  - 강점 신뢰화 과정(dependable strengths articulation process: DSAP)
  - 신뢰강점을 찾는다.
  - 정보화한다.
  - 직업유인 접근(job magnet approach: JMA)

사 례

(조병주, 2011, 128쪽–130쪽)

"취업 사례를 통해 전공설계를 만드는 데 도움을 얻고자 한다."

요즘 같은 취업 대란에 3개 대기업의 합격통보를 받고 선택의 기로에 서있는 것을 그저 운이 좋았던 것이 아니라 수업을 들으면서 제가 가진 직업 능역, 잠재된 소질을 발견하게 되었고, 이러한 강점을 바탕으로 서류 전형과 면접 전형에서 좋은 성과를 올리게 된 것이라고 생각하며 이제는 제가 밟아온 과정들을 글로 작성하여 남기려고 합니다. 부족한 사례지만 저의 글이 교수님 수업과 후배들에게 도움이 될 수 있기를 바랍니다.

취업준비 1. 무작정 취업시장에 도전장 내밀기

4학년 2학기에 복학하면서 체감하지 못했던 취업에 대한 부담감이 현실로 다가왔습니다. 마지막 학기를 앞두고 1년여 간 휴학을 하고 중국으로 어학연수를 다녀왔기 때문에 인터넷으로만 접하던 소식이 눈앞에 다가오자 점점 막막하기 시작했습니다. 하지만 취업준비를 하면서 학생에서 사회인으로의 전환점을 위하여 꾸준히 준비해 온 것들이 있었기에 마음 한 구석에는 자신감이 있었던 것도 사실입니다. 1학년 때부터 꾸준히 학점을 관리해 온 덕에 3.9가 넘는 평점, 국제화시대의 기본이라고 하는 영어도 토익점수는 900을 넘겨두었고, 제2외국어로 중국어도 좋은 점수를 취득하였고, 3차례에 걸친 인턴과 대기업에서 사회활동을 경험해 보았기 때문에 아무리 어렵다고 해도 나는 문제없을 것이라는 생각이 있었기 때문입니다.

소위 말하는 기본 스펙은 남들 못지않게 준비했기 때문에 내가 진정으로 원하는 길을 찾고, 평생 즐기면서 할 수 있는 일을 찾아야겠다는 마음으로 '경력설계와 진로개발' 수업을 신청하였습니다. 하지만 김영미 PD 강연의 DVD를 시작으로 자신이 진정으로 하고 싶은 일을 찾아 성공한 사례를 접하면서 잠시 제 인생에 대한 회의감이 들기 시작했습니다. 다른 사람에게 뒤쳐지지 않기 위해 공부하고 달려왔을 뿐, 진짜 내가 하고 싶은 일이 무엇인지 평생직장이 아닌 평생일거리로 어떤 일을 선택해야 할지 아무런 아이디어가 없었기 때문입니다. 그러는 동안 기업들의 하반기 공개채용이 시작되었고 우선은 보이는 대로 입사원서를 제출하였습니다. 경영지원을 많이 뽑는 곳에는 경영지원으로, 영업관리를 많이 뽑는 곳에는 영업관리로, 자격요건에 맞추어 자기소개서를 작성하였고 무작정 서류합격 소식을 기다리던 저에게 취업관문의 벽은 생각했던 것처럼 만만치 않았습니다. 친구들은 하나 둘 서류합격 통보를 받고 필기시험을 준비하기 시작하였습니다. 객관적으로 보이는 수치들은 내가 뛰어난 것 같은데 저는 어느 회사로부터도 연락을 받지 못하였습니다. 친구들은 하나 둘 취업에 가까워져 갔지만 저는 10개 가까운 회사에서 낙방 소식을 들어야 했습니다.

취업준비 2. 경력과 성취스토리에서 내재된 소질과 관심분야 찾기

예상했던 것과 다르게 고전하면서, 자격요건만 갖추면 시험의 기회를 주는 삼성 SDS의 필기시험 준비에 힘을 기울였습니다. 필기시험 결과가 나오는 동안 수차례 입사원서를 냈고, 번번이 낙방한 후 본격적으로 나의 문제가 무엇인지 파악하기에 나섰습니다. '경력설계와 진로개발' 수업의 매 시간 교수님께서 우리 선배들의 사례에서 본받을 점과 잘못하고 있는 점을 설명하셨고, 성취스토리 작성이나 깨달음의 시간으로 자신의 진로를 찾는 글을 읽으면서 꽤 많은 사례를 접한 이후, 나 또한 그들과 같은 시행착오를 겪고 있는 것이 아닌가 하는 생각이 들었습니다. 성취스토리를 작성하고, 교수님이 말씀하

시는 것을 실천하면서 취업의 길이 넓어진다는 것에 확신이 있었던 것은 아니지만, 이렇게 무작정 취업시장에 뛰어들어 되는 대로 아무 직무에나 원서를 쓰는 것은 옳지 않다는 것은 분명했기에 우선은 교재에 나온 것을 실행에 옮기기 시작했습니다.

첫 번째로 시작한 것은 성취스토리 작성이었습니다. 내가 가진 역량과 소질을 발견하기 위해서 반드시 필요한 작업이었고, 좋은 성취스토리가 나온다면 진로를 결정하는 데도 도움이 될 것이라고 생각했기 때문입니다. 성취스토리 작성 이전에 수차례 입사지원서를 작성하면서 기억이 났던 커다란 사건 한두 개와 함께, 며칠 동안을 혼자 있는 시간이 생기면 고민하고 과거를 회상하며 성취스토리를 찾아냈습니다. 학창시절부터 꾸준히 써왔던 일기장을 훑어보고, 사진 앨범이나 블로그를 탐색하면서 그동안 잊고 있던 기억들에서 성취스토리를 찾을 수 있었습니다. 사실 위주로 간략히 작성한 이후 대학교 입학 이후 했던 활동(동아리, 아르바이트, 봉사활동, 인턴, 프로젝트 등)을 시간 순서대로 정리하였습니다.

취업준비3. 분석 결과를 토대로 전략적으로 입사지원

평소 활발한 성격이라 사무실에 앉아서 일반 사무를 보는 일은 따분하게 생각되었고, 마케팅이나 해외 출장이 많고 활동적인 업무를 하는 해외 영업부서에 관심이 많았습니다. 성취스토리와 경력리스트를 기반으로 공통분모를 끌어낸 결과 편의점 아르바이트, 패밀리 레스토랑 아르바이트, 온라인 쇼핑몰 운영 등으로부터 영업, 맥주회사 마케터 활동, 여성복 브랜드 마케터 활동 등으로부터 마케팅, 영어와 중국어, 인도네시아 친구로부터 인도네시아를 배워 조금 할 수 있기에 3개국어를 살릴 수 있는 해외 영업, 정보통신부에서 인턴한 것과 전공인 e-비지니스를 합치면 IT회사에서 영업, 마케팅, 해외영업을 할 수 있을 것이라는 결과가 나왔습니다. 제가 마케팅과 영업에 소질

이 있고 커뮤니케이션 능력이 뛰어나다는 것 또한 성취스토리로부터 알아 낼 수 있었습니다. 그동안 자랑할 수 있는 것을 모두 쓰고 경영지원, 영업관리 등 많이 뽑는 아무 직무에나 지원했던 것들이 너무 후회가 되었고, 왜 내가 좋은 성적을 가지고도 합격할 수 없었는지 이해가 되었습니다. 그때부터 IT회사의 영업, 마케팅, 해외영업 직무의 구인 광고를 중점적으로 찾기 시작했고, 지원서를 작성할 때도 직무에 맞춘 특성화 된 자기소개서와 경력기술서를 제출하였습니다. 가령 어플리케이션 개발부서에 지원서를 쓸 때에는 학교 수업과 인턴 근무 당시 프로그래밍 업무를 맡았던 것을 강조해서 작성하였고, 영업 부서나 마케팅 부서에 지원서를 쓸 때에는 마케터로 활동하면서 직접 마케팅 콘텐츠를 제작하고 직접 물건을 판매하면서 겪었던 사례들을 강조하였고, 해외 영업 부서에 지원할 때에는 기본적으로 IT 소양을 갖추고 3개국어를 할 수 있다는 것을 강조하였습니다. 지원부서에 맞추어 같은 경험이라도 시각을 바꾸어 써야 한다는 것 또한 수업을 들으면서 알게 된 것으로 이직을 원하는 사람들이 자신이 지금 하는 일이 싫어 이직하면서도 경력기술서에는 똑같은 일을 쓰고 있으니 문제라는 말을 교수님께서 하셨기 때문입니다. 그 점에 착안하여 나만의 강점을 살릴 수 있는 입사지원서를 준비하였고, 그렇게 깜깜 무소식이던 합격 통보를 ST와 SK C&C라는 IT 기업의 Top으로 꼽히는 두 회사로부터 받게 되었습니다.

1.3.3 지식 근로자

- 개성화 강점[재능(T) · 지식과 기술(K&S) · 개성(P)]과 훌륭한 품성을 갖추자.
- 개성화 강점은 인재학습 참조.

(1) 취업력과 품성의 관계

- 훌륭한 품성을 바탕으로 할 때 삶이 더욱 성공적일 수 있다.
- 구직에 있어서 나쁜 품성의 사람이 좋은 취업을 생각할 수 없을 것 같고, 지속적으로 경력개발을 성공적으로 이끌 수 없을 것이다.
  - 품성강점
    - Peterson & Seligman(2001)[25]: 품성은 능력(재능 · 지식과 기술)과 별개이다.
    - 취업력 논의 근거에서 품성을 개성의 한 요인으로 본다.

(2) 직무기능분석(Functional Job Analysis)

- 취업을 잘 하려면 구직자의 강점(패턴)과 직무간 능력요구조건이 이상적으로 일치하면 최적일 것이다.

---

25) Peterson, C., & Seligman, M. E. (2001) The classification of strengths and virtues: The VIA manual. Working paper. 내용: Peterson and Seligman (2001) develop six categories of various strengths and virtues and these categories are wisdom, courage, humanity, justice, temperance, and transcendence. These strengths and virtues contribute to gaining competence such as skills for living, confidence such as positive emotional outcomes including happiness and self-acceptance, connectedness to other people, and contribution that involves having a position in the social world. It is argued that these strengths and virtues enable us to achieve a good life for the self and for others. Strength or virtue that a person shows has positive effects even on onlookers, such that they become elevated by mere observation of virtuous actions of the person.

⇨ 전공설계를 계획적이고 전략적이어야 하는 이유이다.

- 직무적 기능들과 연계시켜 봄으로써 내가 어떤 일을 하면 더 최적일 것인지 알 수 있다.
- 업무 기능을, 직무와 관련된 지식(knowledge), 직무와 관련 기술(skill), 종합적인 일 수행능력(ability), 그리고 직무적인 경험(experience)의 개념으로 정리한다.

⇨ 전공설계에서 수강해야할 과목 결정에 매우 중요한 영향을 미친다.

(3) 직무기능분석 결과와 취업프로세스 적용

- Realistic Job Preview 보기: CJ의 경우

– CJ에서는 지원하고자하는 직무의 내용 및 실제적인 업무모습에 대한 이해를 돕기 위해서 “지원자들을 위한 RJP(Realistic Job Preview)”를 보여준다.

직군	영업	마케팅	경영지원	연구개발	제조
전문기능	식품영업	마케팅	인사	R&D	품질관리
	제약영업	제약마케팅	홍보		기술개발
	해외영업	제약개발	재무		생산관리
	사료영업	디자인	경영기획		생산기술
			구매		환경안전
			법무/감사		생산

– 지원자를 위한 직무소개서는 아래 질문들에 대한 구체적이고 사실적인 정보들이 기술되어 있습니다.

- 해당 직무에서 주로 수행하는 구체적인 업무는 무엇인가?
- 시간대 별로 구분해 볼 때 하루 일과는 대체로 어떻게 진행되는가?
- 업무 수행 방식에 특이한 점은 없는가?
- 이 직무를 수행하면서 느끼는 어려움은 무엇이고, 또 만족스러운 점은 무엇인가?
- 이 직무 수행을 통해 얻을 수 있는 자기 개발의 기회 및 비전은 무엇인가?

– 위 직무소개를 읽고 스스로에게 아래 질문을 해보시기 바랍니다.

- 내가 지원하려고 하는 직무의 실제 모습이 내가 생각했던 것과 비슷한가?
- 나의 능력, 성격, 적성, 가치관에 비추어 볼 때 이 직무가 나에게 맞는가?
- 나는 이 직무를 통해 조직의 성과 향상에 충분히 기여할 자신이 있는가?
- 이 직무가 나에게 보람을 주고 내 경력을 쌓아가는데 보탬이 될 것이라고 느껴지는가?

■ CJ(경영지원) 직무 소개

– **업무 소개**: CJ의 경영기획 업무는 크게 전사 차원의 방향/방침과 관련된 경영기획과 CJ 내 다양한 사업 단위의 경영기획으로 대별할 수 있습니다. 이 두 가지는 업무 영역이 다를 뿐 업무 내용은 거의 비슷합니다. 먼저 전사 차원의 경영기획은 전사 경영 방침 및 포트폴리오 전략을 입안, 추진하고 회사의 단기 및 중장기 전략/계수 계획을 수립하며 경영계획 수입 방침을 입안하고 종합정리하는 일을 합니다. 사업 부문별 전략

적 이슈가 발생하였을 경우 전략 대안을 개발/검토하고(신규 사업, M&A, 전략적 제휴, IOP(주식공개)),사업구조조정 및 개선 등) 사업 부문별 KPI(성과지표)[26] 및 KI[27] 수립 방향을 제시하며 그 성과를 평가합니다. 전사 차원에서의 성과 평가 및 피드백은 월별/분기별로 이루어집니다. 또한 경영회의체(전략회의, 평가회의, 간담회 등)를 운영 주관하고 각 서업 부문별로 월별 경영실적(손익, B/S[28], 현금흐름 수익성)에 대한 문제점을 검토, 전략수정방향 등을 제시합니다.

뿐만 아니라 각 사업부문 간의 이해 대립에 대한 조정 역할을 하며 해외 선진사의 사례를 조사하고 경쟁사 분석 및 경쟁 전략 개발지원 업무도 담당하고 있습니다. 각 사업 단위의 기획 업무는 이상의 내용을 전사차원이 아니라 각 사업 단위 차원에 적용한다는 점이 다를 뿐 업무 내용은 거의 같습니다. 예를 들면 그룹이나 회사 단위와 달리 주관하는 회의의 종류가 생산/판매 협의, 각 사업부문 임원회의, 구매회의 등으로 바뀌는 정도의 차이가 있습니다.

- **필요한 자질**: 기본적으로 인터넷 활용능력과 문서작성 능력, 외국어 독해 및 회화 능력, 재무제표 등 기본적인 재무/회계 지식 및 경영, 경제관련 지식과 수치 및 통계적인 업무를 무난히 할 수 있는 자질이 요구됩니다. 전략 기획 및 사업 관리, 지원 업무 등을 수행하기 위해서는 기획력과 분석력이 요구되며 획득한 정보를 말과 문서로 효과적으로 상대방에게 전달하고 자신의 의견을 조직 내외부에서 효과적으로 개진하고 관철

---

26) KPI(Key.Performance Indicator)-핵심성과지표
27) KI(Key Indicator)-핵심지표
28) B/S(Balance Sheet)-대차대조표

시키기 위하여 원만한 대인관계와 논리 정연한 문장구사 능력, 의사소통 기술, 설득력, 추진력, 통솔력 등이 필요합니다. 또한 담당하고 있는 사업 분야에 대한 통솔력을 갖추고 경영 패러다임 및 환경 변화에 대한 인식이 투철해야 하며 사업을 유기체적으로 이해하고 수익성을 제고할 수 있는 경제적 효율성 마인드와 비즈니스 마인드를 가져야 하며 새로운 변화를 시도할 수 있는 열정과 창의력도 요구됩니다. 또 문제에 대한 원인 분석 능력과 동시에 합리적인 대안을 제시할 수 있는 사고력을 갖추어야 합니다. 여기에 투철한 주인정신 및 인내력을 갖춘다면 업무를 거의 완벽하게 소화하리라 생각합니다.

- **업무특징 및 기회와 비전**: 저희 팀은 최근 크게 중요성이 대두되고 있는 회사의 IR 기능을 포함하고 있으므로 IR(기업설명회: Investor Relation)기능을 포함하고 있으므로 IR 활동을 더욱 강화하고 있을 뿐만 아니라 주주 가치에 초점을 두고 수익력 극대화의 첨병 역할을 수행하고 있습니다. 또한 CJ 내에 다양한 사업들이 존재하므로 사업부 회계제도가 타사에 비해 크게 발전되어 있는데 저희팀은 이러한 사업부 관리 회계제도의 사무국 역할을 하고 있으므로 엄격한 KPI 관리 기능을 수행하고 있습니다. 경영기획 부서는 회사 내 모든 Value Chain을 이해해야 업무를 원활하게 수행할 수 있으며 또한 회사 내 타 모든 부서들과 접촉하면서 기능을 수행하게 된다는 특성이 있습니다. 업무 특성상 회계, 재무, 전략, 정보 조사 분석, 사업의 특성 등 전반적인 지식과 기술(전공설계에 매우 중요한 정보임)이 요구되고 전체 숲을 보면서 동시에 나무를 이해해야 하므로 신입사원으로서는 초기에 어려움이 많이 발생할 수 있습니다.

따라서 특별한 소신과 이에 상응하는 노력에 대한 각오가 결연하지 않으면 초기에는 일에 대한 흥미와 보람을 찾기가 쉽지 않다고 말할 수 있습니다. 그러나 여기서 일을 잘 배운다면 회사 내의 모든 기능을 연구하고 공부할 수 있어 향후 경영관리자 혹은 전략가로서 성장할 수 있는 모든 역량을 이곳에서 손쉽게 키울 수 있는 장점이 있습니다.

토의 1: 위 내용을 읽고 자신의 꿈을 성공시키기 위해 전공설계에 어떻게 반영하고 싶은가?

사례 1

(조병주, 2011, 수강생 지원 체험기): CJ 지원과 전형

극심한 취업난으로 인해 국가 전체가 혼란스러운 시기에, 저는 CJ의 그룹 공채에 지원하여 'CJ cablenet'에 최종 합격하였습니다. 저는 그야말로 최악의 스펙을 가지고 취업에 성공한 사례입니다. 비슷한 처지에 있는 학생들에게 희망을 주고자 이 체험수기를 씁니다. 참고로 저는 학점이 3.5에도 못 미치며, 어학연수의 경험도 없고, 자격증도 가지고 있지 않습니다. 더구나 CJ에 지원할 당시에 토익 점수를

기재하지 않을 정도였습니다. 채용과정은 크게 서류전형, BJI[29] 테스트, 인지능력 검사, 전문성 면접, 역량면접, 그리고 신체검사로 이루어졌습니다. 전형기간은 약 2개월 정도 걸립니다. 먼저 서류전형에서는 간단한 이력을 물어보며, 자기 소개서의 성격의 자기신상에 관한 질문입니다. 제가 지원했을 때의 것은,

- 지원하신 직무를 본인이 잘 수행할 수 있다고 생각하는 이유를 구체적으로 기술해 주세요.
- 학교생활에서 일반적으로 경험하기 어려운 특별한 체험이나 남다른 성취가 있다면 기재하여 주시기 바랍니다.
- 지원한 회사, 직무, 근무자와 관련하여 특별히 희망하는 점이나 면접자에게 꼭 알리고 싶은 사항을 기재하여 주시기 바랍니다.

인사팀에서 이런 내용을 가지고 있는 접수된 서류를 검토하며, 또한 지원한 부서에서도 검토를 합니다. 각 부서가 요구하는 기본적인 자격만 구비되면 그 후로는 자기소개서로 합격 여부를 결정하는데, 제가 들은 바로는 약 2주 정도 인사팀 직원들이 합숙을 하며 자기소개서를 면밀히 살핀다고 합니다. 여기서 중요한 점은 자기소개서를 쓸 때 'CJ Value'라고 불리는 창의, 도전, 고객, 팀워크, 정직, 존중이란 6대 가치에 부합하게 작성을 하여야합니다. (여기에 따른 구체적인 내용은 그룹홈페이지에 나와 있습니다.) 저는 10여 가지의 아르바이트 경험과 각종 모임의 회장 활동을 통해 얻은 경험을 바탕으로 기업 가치에 맞도록 작성을 하였습니다. 제가 지원할 당시 경쟁률이 145대 1이었는데 서류전형을 통해 10배수를 걸러 냅니다.

29) BJI는 Business Judgment Invebtor의 약자이다. 25가지의 비즈니스와 관련된 돌발 상황을 제시한 후 입사 희망자의 대처방안을 통해 그 사람이 CJ문화에 잘 적응 할 수 있는지 없는지를 판단하고자 하는 시험입니다.

두 번째 전형으로 필기시험인 인지능력 검사와 BJI 테스트를 치르게 됩니다. 인지도 검사의 경우 주어진 13분 30초 동안 50문제를 풀면 되며, 문제는 객관식과 주관식이 섞여서 출제됩니다. 객관식을 다 푼 후, 주관식 문제가 나오는 것이 아니라, 객관식 문제 중간에 주관식이 한 개씩 끼어 있는 형태입니다. 문제 내용은 간단한 언어능력과 수리능력을 물어보는 것인데, 짧은 시간을 주기 때문에 순발력과 시간의 안배능력이 요구되는 시험입니다. BJI 테스트는 비지니스 상황하에서의 의사결정 문제입니다. 20분 동안 50가지의 비즈니스 상황에서 자신의 의사결정 유형을 고르면 되는 형식이며, 시간이 부족하지 않지만, 복합적인 상황이 주어지므로 판단을 잘해야 합니다.

예를 들어, "해외 출장 중인 상사가 중요한 지시를 내렸다. 하지만 자신 또한 거래처와 중요한 약속이 잡혀 있다. 당신은 어떻게 행동하겠는가?"라는 식의 질문에,

(1) 상사의 지시를 무시하고 거래처와의 약속을 지킨다.
(2) 동료에게 거래처 일을 맡긴 다음 상사의 지시를 따른다.
(3) 거래처에 미리 양해를 구한 다음 상사의 지시를 따른다.
(4) 먼저 상사의 지시를 따르고 차후 고객에게 양해를 구한다.

이런 식의 문항 중에 가장 옳다고 생각하는 것과 그렇지 않다고 생각하는 것을 고르는 것입니다. 빠른 상황 판단과, 기업에서 요구하는 가치관을 공유하고 있느냐의 여부를 판단하고자 하는 문제들입니다. 여기서도 'CJ Value'의 6가지 항목인 창의, 도전, 정직, 팀워크, 존중, 고객을 지원자가 얼마나 이해하고 공유할 수 있는지에 중점을 두고 있다고 생각됩니다.

(저의 경우에는 예전 '멋진 김태랑'이라는 한 샐러리맨이 기업에서 성공해 나가는 과정을 그린 만화의 주인공이라면 어떻게 행동하였을

까하고 생각하고 문제를 풀었더니 이것이 주효하여 전형을 통과한 것 같습니다.)

마지막으로 CJ만의 가장 독특한 채용 전형이라고 할 수 있는 역량면접을 받게 되는데, 몇 몇 분야는 그 이전에 전문성 면접을 받게 되기도 합니다. 저는 전문성 면접을 받지 않았기 때문에 구체적인 내용은 모르겠습니다. 역량면접에서는 CJ Value라 불리는 11개 항목을 평가하게 되며, 이에 대한 평가는 지원자의 추상적 대답이 아닌 지원자가 겪은 경험이나 실제사례(성취스토리가 중요한 이유임)에 근거한 대답을 통해 내려지기 때문에, 하나의 가치에 대해 충분한 평가를 내려질 때 까지 질문이 꼬리를 물고 던져집니다. 자기소개, 지원동기, 시사상식, 전공 관련 질문 등은 일체 물어보지 않는데, 면접에 임하는 태도 등도 평가에 반영하지 않는 점이 타 기업과 차별을 이루고 있으며, 편안한 상태에서 대화를 나누는 형식입니다. 일반적으로 지원자 1명과 면접관 2명이 배석하며, 1시간~1시간 20분 남짓 진행됩니다. 저의 경우는 1시간 50분 동안 면접이 이루어 졌습니다. 중요한 점은 질문에 대한 대답이 자신의 과거 경험에 근거한 것이어야 하고 예를 들어 구체적으로 대답해야합니다. 제가 받은 질문 내용은,

- 자신이 속한 집단에 도움이 될 만한 획기적 아이디어를 낸 적이 있는가?
- 살아오면서 가장 중요한 결정을 내렸을 때는 언제인가?
- 자신이 핵심이 되어 어떤 일을 추진해 본 경험이 있는가?
- 타인의 문제를 해결해 준적이 있는가?
- 조직원들 사이에 트러블이 있을 때 어떤 식으로 해소를 하였는가?
- 업무 중에 처리하기 힘든 일이 있을 때 도움을 받을 만한 사람이 있는가?
- 다른 사람의 아이디어를 들은 것이 있는가?

위 질문을 한 후, 각각의 질문과 연관이 될 수 있는 질문들을 2~3개씩 더 던지기도 합니다. 예를 들어, 자신이 핵심이 되어 어떤 일을 추진해 본적이 있는가에 대해 답변을 하게 되면 거기에 대한 추가적인 질문으로 "거기서 당신의 역할은 무엇이었는가?", "구체적으로 어떻게 계획을 세웠는가?", "그 결과는 어떠하였는가?" 등이 던져지는 형식입니다.

이런 질문에서 가장 중요한 것은 정직이며 허위로 답변을 하거나 얼렁뚱땅 대답을 하게 되면 결국은 들통이 날 만큼 집요하게 물어 봅니다. 저 같은 경우는 크게 눈에 띄는 성과를 낸 기억이 없기 때문에 팀 리포트 수행과정이나 아르바이트 중에 있었던 일 위주로 대답을 하였는데, 성취한 일의 크고 작음보다는 어떤 일의 수행과정에서 나타나는 그 사람의 태도를 평가하는 것이었기 때문에 거기에 따른 감점은 받지 않았다고 생각합니다. 그리고 저는 되도록 재미있게 대답하려고 노력하였고, 면접관들에게 웃음이 끊이지 않도록 했던 점이 어느 정도 효과를 거둔 것 같습니다. "마지막으로 하고 싶은 말 있으면 해라"라는 질문을 받았습니다.

역량면접은 절대평가이며 일정한 기준 이상의 점수를 얻은 지원자 중에 상위에 있는 사람부터 합격을 시킵니다. 제가 지원한 분야에는 원래 10명을 채용할 예정이었으나 기준 미달로 5명만 최종 합격하였다고 들었습니다.

CJ를 지망하시는 분들에게 제가 말씀드릴 수 있는 것은 다음과 같습니다.

첫째, 학벌의 차별이 없습니다. 물론 우리 학교가 학벌에 관한 한 큰 차별을 받는 학교는 아니지만 소위 몇몇 명문대학에 비해 차별을 받는 경우가 없지는 않습니다. 그러나 CJ는 개인의 역량만 뛰어나다면 자신 있게 지원할 수 있는 회사라는 점을 말씀드리고 싶습니다.

둘째, 학점이나 어학실력을 챙기기 보다는 더 많은 사회 경험을 쌓으십시오. 특히, 팀을 이루어 하는 일을 많이 경험하고 적극적으로 활동하는 것이 합격의 당락에 가장 큰 영향력을 미칩니다. 저는 학점이나 영어성적이 뛰어나지는 않았지만 학원강사, 막노동, 웨딩촬영기사, 행사요원, 등 다양한 사회경험을 통해 저의 소질을 발견하고 역량을 기를 수 있었으며 학회 회장, 중/고교 시절 지역연합 동아리 회장 경험 등을 통해 리더십을 길러 경쟁력을 가질 수 있었습니다.

마지막으로, 기업에 대한 연구를 철저히 하고 자신 있게 지원하십시오. 저 역시 이 부분에 있어서는 소홀함이 없지 않았으나 기업이 원하는 인재상이 어떤 것인지를 확실히 파악하여야만 거기에 대한 대비를 철저히 할 수 있을 것입니다.

부끄럽지만 저는 본 수업[30]에서 교수님의 가르침을 적극적으로 실천하지 못했습니다. 교수님께서 강조하시던 기업방문과 인맥 만들기는 시도조차 하지 않았습니다. 그러나 그나마 그 중 몇 가지는 실천함으로써 취업과정에서 큰 성과를 얻을 수 있었습니다. 그 중 한 가지로 저는 CJ라는 한 회사에 집중했습니다. 물론 저는 총 7개의 회사에 지원하였습니다. 이것은 일반적으로 5~60개의 회사에 지원하는 다른 구직자들에 비해 현저히 적은 숫자이며 CJ를 제외한 나머지 회사는 자기소개서를 정리하는 과정의 일환으로 활용하였습니다. 불안한 마음이 없던 것은 아니었지만 결과적으로 좋은 결과를 얻게 되었습니다. 더 궁금한 점이 있으시면 개인적으로 도움을 드리도록 하겠습니다.

(ㅂㅇㅇ, 경영, 2003)

30) 조병주 교수 수업

사례 2

성취스토리1 (ㄱ○○, 자율, 2009)

1. 내동생

내 남동생이랑 나는 7살 차이가 난다. 내가 초등학교에 입학했을 때도 동생은 갓난아기였다.

어느 날 아침, 엄마는 장을 보러 가신다며 금방 올 테니, 잠든 동생을 깨우지 말고 잘 보살피라고 하셨다.

부모님이 나가시고 나는 장난기가 발동해 동생을 깨워서 같이 놀고 싶었다. 내가 흔드니까 아기인 동생이 깨어나서 울기 시작했다. 나는 금 새 걱정이 되어 다시 재우기 위해 토닥거려 보고 자장가도 불러보았지만 잠에서 깬 동생은 울기만 할 뿐 잠을 잘 생각을 하지 않았다.

그리고 계속 토닥거리면서 만진 동생의 몸은 아기인데도 정말 불덩이처럼 뜨거웠다. 어린 마음에 나는 내가 동생을 잠에서 깨워서 아픈 줄 알고 함께 울기 시작했다. 그러다 문득 119가 생각나서 119에 전화를 걸어 동생이 아프니 빨리 와달라고 했다.

결국 나와 동생은 둘이서 함께 119 구급차를 타고 병원에 갔고, 동생은 열을 내리는 약을 먹고 병원에서 잠이 들었다. 소식을 들은 엄마는 병원으로 바로 오셨다. 동생이 열이 많이 났고, 갓난아기라 큰 일 날 뻔 했다는 의사선생님 말에, 나에게 누나답게 동생을 잘 보살폈다고 기특하다고 말씀해 주셨다. 스스로 119에 전화를 걸어 동생을 병원으로 옮긴 일이 내가 어린 나이에 했던 용기 있는 행동이라고 생각한다.

2. 비엔날레

나의 고향 전라도 광주는 비엔날레로 유명한 예술도시이다.

나는 초등학교 2학년 때 견학으로 비엔날레에 가서 그림을 그렸다.

친구들 중에는 그림을 그리지 않고 숨바꼭질, 술래잡기 등 놀이를 하는 아이들도 있었지만, 나는 몇몇 친구들과 함께 둘러앉아 스케치북에 밑그림도 그리고, 크레파스로 색칠하고 마지막으로 물감으로 배경도 입히는 등 스스로 즐겁게 그림을 그렸다. 그리고 그날 그린 아이들의 작품은 담임선생님께서 걷어 가셔서 비엔날레에 출품이 되었고, 나는 한 달 뒤에 생각지도 못하게 비엔날레 미술 초등학생 부문에서 금상을 받게 되었다.

그림 내용은 단순히 비오는 날 나들이를 못 가게 된 우리 가족을 그렸는데, 상장과 함께 금메달도 받고 비엔날레에 미술관에 전시도 되어 우리 가족은 물론이고 할머니, 할아버지, 삼촌, 외숙모까지 총출동하여 가족사진을 찍고 칭찬세례를 받게 되었다.

태어나서 상을 탄 건 비엔날레에서 받은 금상이 처음이라서 스스로도 기뻤고 뿌듯했던 기억이 난다.

3. 바자회

초등학교 3학년 때 학교축제 때 바자회를 하였다.

나는 바자회 때 팔 물품들을 내놓기 위해 안 입는 옷부터 새 머리핀, 인형, 다 읽은 책, 학용품 등 여러 가지를 준비했다. 큰 쇼핑백으로 2개나 되어서 아침에 등교할 때에는 무척 힘들었다.

우리 반은 다른 아이들이 물건을 좀처럼 가져오지 않아서, 나처럼 많이 가지고 온 아이들은 없었다.

담임선생님께서는 내 덕분에 우리반이 팔아야 할 물건들이 많아졌다며 칭찬해주셨다. 그리고 바자회 당일, 상인 역할을 맡은 친구들과 함께 물건을 팔기 시작했다.

다른 반들도 옆에서 물건을 내놓고 팔고 있었는데, 초등학생들이라 그런지 반마다 내놓은 물건들은 모두 비슷비슷했다. 우리반이 내놓은 물건들을 다 팔기 위해서는 특별한 게 필요하다고 생각한 나와 친구들은 초등학생이 생각해낼 수 있는 여러 가지 방법들을 모두 생각해 보았다. 그러다가 우리는 공연을 하기로 했다.

다섯 명의 친구들이 박수치고 노래를 부르면, 나와 다른 나머지 친구들은 앞에서 춤을 추기로 했다. 뒤에서 친구들이 동요를 부르자, 친구들과 나는 수업시간에 배운 탈춤, 나비춤, 인디언춤 등 출 수 있는 춤은 다 추었고, 노랫소리가 들리자 학부형들과 아이들은 소란스러운 우리반 상점 앞으로 모여들어 구경하기 시작했다.

우리는 멈추지 않고 공연을 계속하였고, 앞에서 구경하는 학부형들도 박수를 쳐주며 호응을 해주셨다. 노래를 하는 동안 우리반에서 구경을 하는 사람들과, 물건을 고르는 사람들은 늘어났고 물건은 정말 잘 팔렸다. 다른 반에서 팔아야 할 물건은 그대로였지만, 우리반의 물건은 금새 다 팔렸다.

다른반 선생님께서는 우리에게 자기반 좀 도와달라고 부탁까지 하셔서 우리는 옆 반으로 옮겨 함께 노래를 부르고 춤을 추며 손님을 모았다. 바자회가 끝나고 우리는 1등으로 장사를 했기 때문에 반 1등상을 받았고, 모은 바자회현금은 불우이웃돕기에 기부하며 기분 좋은 하루를 마무리했다.

4. 부진아반 탈출기

나는 어린 시절부터 수학을 정말 싫어했다. 초등학교 4학년부터는 수학이 정말 재미가 없어서 수학숙제가 있으면 하나도 안하고, 수학수업시간에는 딴 짓을 하며 선생님께 항상 꾸지람을 들었다. 그래서 수학경시대회를 보면 항상 20~30점대가 평균이었다.

초등학교 4학년부터는 과목별로 부진아를 뽑아서 방과 후에 나머지 공부를 시켰는데, 수학점수가 낮았던 나는 수학부진아로 뽑혀서 늘 하기 싫은 수학나머지 공부를 하곤 했다. 그런데 늘 나머지 공부를 하느라 친구들과 집에도 같이 못가고, 놀지도 못 하는 게 너무 싫었다.

결국 나는 친구들과 같이 어울리기 위한 이유로 수학공부를 하기 시작했다. 기초가 잘 잡혀있지 않아서 수학은 여전히 나에게 어려웠다. 공부를 잘했던 언니가 나에게 알려준 방법으로, 하루에 10문제씩 이면지에 수학문제를 직접 풀어보는 것이었다. 처음에는 푸는 문제가 다 틀려서 속도 상하고 울적했지만, 수학부진아반 시간에 문제를 가지고가서 선생님께 물어보니 생각만큼 어려운 문제들이 아니었다.

그 다음부터 나는 수학부진아반 시간에 문제를 가져가서 선생님께 질문하며 풀었고, 집에 돌아와서는 선생님 없이 스스로 문제를 다시 풀며 답을 얻어냈다.

그리고 4학년 2학기 수학경시대회 때 나는 처음으로 60점을 받았다. 턱없이 낮은 점수이지만 반 이상을 맞춘 것은 처음이라 만족스러워 했었다.

4학년 때 수학공부를 열심히 하고 올라가서인지, 5학년 때부터는 부진아 반에 들어가지 않았다. 그리고 5학년 때도 같은 방법으로 하루에 10문제씩 꾸준히 풀었다. 그리고 5학년 때 본 수학경시대회에서 나는 85점 정도를 받아서 수학우수상도 받았다. 뭐든지 꾸준히 하면 된다는 것을 깨우친 일이었다.

5. 영화관 스마일퀸

방학 동안에는 항상 아르바이트를 하는데, 두 달 가량 짧은 기간이다보니 보수가 쎈 아르바이트를 찾게 된다. 2학년 여름방학때는 영화관에서 아르바이트를 구하였는데, 급여가 높은 아르바이트를 구하다보니 영화관 심야파트와 조조파트를 맡게 되었다.

영화관에서 내가했던 일은 거의 영화관 총체적인 업무로, 영화티켓을 발급해주거나 영화시작 전·후 출구인사, 매점에서 팝콘을 튀기거나 영화관 청소와 같은 업무였다.

유니폼에 구두를 신고 뛰어다니는 것도 힘든데 늦은 시간에 근무하는 일이라 더욱 피곤했다. 심야와 조조시간엔 낮보다는 사람이 적은 편이지만, 일부러 사람이 적은 시간을 피해 영화를 조용히 감상하려는 손님이 꽤 있어서 긴장을 늦출 수 없었다.

처음 한 달은 영화관에 적응하느라 손님들 앞에서 실수도 많이 하고 허둥지둥 댔지만, 일이 적응이 되다보니 팝콘을 튀기면서 손님주문도 받고, 무전기로 송수신도 하고 얼음도 채우는 등 몇 가지 일을 동시에 할 수 있게 되었다.

게으름 피우지 않고 해야 할 일을 찾아서 부지런히 하다 보니 시간도 빨리 갔고, 퇴근 후에는 영화관에서 개봉한 영화를 공짜로 보기도 하며 나름대로 즐겁게 일했다.

조조시간 때의 손님들은 거의 혼자 오시는 분들이 많은데 그분들이 티켓을 끊으실 때는 다른 사람들과 부딪히지 않게 혼자서 편하게 볼 수 있는 자리를 골라서 추천을 해드리기도 하고, 개봉한 영화를 먼저 보고 재미있으면 손님들께 추천을 해드리기도 하였다.

손님이 팝콘을 쏟아도 웃으면서 다시 새 것으로 드린 뒤 깨끗이 청소했고, 분실물이 있으면 영화관을 샅샅이 뒤져서 찾아드리기도 하였다.

우리 영화관에는 매달 직원들 사진을 붙여놓고, 가장 친절한 직원에게 스티커를 붙여서 가장 많은 스티커가 부착된 직원을 스마일퀸으로 뽑았는데, 마지막 달이라 더 웃으면서 열심히 해서인지, 알바 두 달째 되었을 때 내가 영화관 스마일퀸이 되었다.

그래서 영화관 홈페이지에서 내 소개도 되고, 부상으로 영화티켓 10장을 받았다. 영화관 스마일 퀸으로 뽑히고 바로 그만두게 되어 아쉽기도 했지만 정말 후회 없이 보람찬 나의 여름방학 아르바이트였다.

6. 사회복지 실습

사회복지 자격증을 따기 위해 반드시 해야 하는 실습을 하기 위해 고민을 많이 했다. 나는 한부모 가정의 아동들이나, 다문화 가정에 관심이 많다.

특히 아이들은 우리나라의 미래를 짊어지고 갈 미래의 일꾼들인데, 유년기는 한 아이의 인성과 성격을 결정짓는 중요한 시기로 이

시기에 부모들이 아이들에게 가장 신경을 써야 하기 때문이다.

이로 인해 아동복지관에서의 실습을 생각하고 있었지만, 내가 봉사하고 있는 월드비전의 사회복지사 선생님께서 나에게, 아동복지 쪽에서의 봉사경험이 많으니 경험해 보지 않았고 앞으로 크게 발전되어야 하는 노인쪽 분야를 실습 해보라는 말씀을 해주셨다.

경험해 보지 않은 분야이기 때문에 많이 두려웠고, 내가 잘 해낼 수 있을까라는 의구심도 들었지만 이왕 하는 거 열심히 배우고 부딪히자는 생각으로 노인병원에서의 실습을 시작했다. 내가 실습한 노인병원에는 치매노인이 대다수였지만, 치매가 아닌 노인들도 계셨다. 나는 실습을 하며 다양한 복지프로그램을 연구했다.

병원에서의 일상은 따분하고 지루하기 짝이 없다. 거의 아침에 일어나면 물리치료를 받고 아침 먹고, 점심 먹고, 낮잠 자고, 저녁 먹고 잠드는 패턴의 반복인데, 병원에 계신 노인들의 복지향상을 위해서, 그리고 좀 더 활기찬 생활을 위해 병원 사회복지사가 필요한 것이다.

나는 병원에 계신 사회복지사 선생님을 도와 작업치료, 미술치료, 노래치료 등 프로그램을 짜고 직접 진행도 하였다. 매일 어린신들께 인사드리고 신문도 읽어드리자 처음에는 나에게 무섭게 대했던 노인분들이 점차 마음을 열기 시작하셨다. 내 손을 꽉 잡고 울면서 자신의 개인적인 가족 이야기를 하는 어르신이 계신가 하면, 내가 손녀 같다며 점심으로 나온 과일들을 안 먹고 두셨다가 먹여주시는 어르신도 계셨다.

이처럼 하루하루가 나에게 새로운 경험이었고 값진 가르침이었다. 나는 병원에 계셨던 따듯했던 노인분들께 내가 앞으로 해야 할 많은 일들을 가슴에 새기고 한 달 동안의 실습을 무사히 끝낼 수 있었다.

지금도 가끔 병원에 가면 날 반겨주시는 어르신들은 언제나 내 마음속에 큰 경험으로 남을 것이다.

7. 값진 나의 등록금

스무살 때부터 아르바이트를 하기 시작했다.

스무살이 되고부터 용돈을 받지 않겠다고 큰소리를 쳤는데, 막상 사회에 나가서 아르바이트를 해보니 만만한 게 아니고 남의 돈 벌기가 쉽지 않았다. 아르바이트를 하면서 고등학교 때에는 몰랐던 돈의 소중함을 알게 되었다.

아르바이트를 한 뒤로 나는 돈을 절약하기 위해 가계부도 쓰기 시작했고, 내가 큰소리 친 것처럼 스무 살이 되고부터 용돈을 탄 적이 한 번도 없다.

등록금 부담을 부모님께 안겨드리는 게 너무 죄송해서 나는 등록금을 스스로 모으기 위해 2년 동안 화장품 매장에서 아르바이트를 했다. 2년 동안 한 매장에서 꾸준히 일하니 6개월마다 시급이 점점 올라가서 일한 보람도 느낄 수 있었다. 2년 동안 근무하니 매장을 꼭 내 화장품 매장처럼 소중히 여기게 되었고, 그만큼 최선을 다해 일할 수 있었다.

그리고 마침내 2년 동안 아르바이트를 한 결과, 나는 3년 동안 다닐 수 있는 등록금을 스스로 모았다. 부모님 도움 없이 스스로 등록금을 모으기 위해 2년이라는 시간이 필요했지만 내 인생에서 값을 치를 수 없을 만큼 귀한 경험을 했다고 생각한다. 이번 여름방학이 오면 나는 또 나머지 등록금을 위해 최선을 다해 아르바이트를 할 생각이다. 풍부한 사회경험은 내 인생에서 반드시 큰 도움이 될 것이라고 믿는다.

토의 1: 성취스토리1 (ㄱ○○, 자율, 2009)가 상기 질문(1~7문항)의 어느 문항에 해당되는지 토론하자.

토의 2: 상기 사례를 읽고 자기 자신에게 가장 중요하게 필요한 것이 무엇인지 2가지(이것만 갖추면 원하는 직장에 합격할 것 같은 것)만 찾아보자.

토의 3: 내가 하고 싶은 일거리 혹은 직무를 이야기하고 이와 관련된 성취스토리와 연계해보자.

Memo

제2장 직업선택을 위한 나의 재능 찾기

2.1 미래산업과 재능의 관계

2.2 직업선택과 재능의 관계

2 직업선택을 위한 나의 재능 찾기

2.1 미래산업과 재능의 관계

◆ 미래산업에서 전공설계는 직업선택을 위한 취업프로세스의 기초이다.

◆ 취업프로세스는 개인의 강점과 개성의 유기적 결합을 먼저 파악하는데서 출발한다.

◆ 강점능력의 파악을 위해서는 개인 안에 내재되어 있는 재능, 기술, 지식 등 3가지 총화를 찾아야한다.

◆ 개성의 발견에서는 기질, 흥미(관심), 가치관, 라이프스토리, 품성 등 5가지 측면에서 점검하여야 한다.

2.1.1 왜 재능의 확인이 필수적인가?

◆ 강점 능력 파악은 전공설계의 기초 정보이다.

(1) 재능의 일상적인 모습

- 보통 사람들이 자기에게는 재능이랄 게 없다고 생각하기 쉽다.
- 재능이 있는데도 불구하고 전혀 자각을 못한다.

사 례

(Bolles, 2001):

20여 명이 모여 있는 방에 들어가 한번 쓱 둘러보고 나온 한 여성이 그 사람들이 어떤 장신구를 가지고 있었는지 기억해내면서도 자기가 별다른 재주가 없는 사람으로 말한다는 것이다.

- 누구나 재능이란 것이 있게 마련이다.
- 굼벵이도 구르는 재주가 있다고 하지 않았는가!
- 전공설계를 할 때 이점을 명심하고 자신의 재능을 최대한 발휘할 수 있도록 설계하여야 한다.

재능이 어떻게 표현되고 있는지 보자.

사 례

(조선일보:2004-05-25 D1 [특집]):

어떤 눈먼 소년이 있었다. 친구들과 함께 어울려 주지 않으므로 소년은 늘 외롭고 힘없이 지냈다. 그러던 어느 날 이 소년의 인생을 완전히 뒤집어 놓는 사건이 찾아왔다. 수업 중 교실에 쥐가 한 마리 나타났는데 어디로 숨어들어갔는지 도무지 행방이 묘연했던 것이다. 그때 선생님이 눈먼 소년에게 그만의 특별한 청력을 사용하여 쥐가 어디에 있는지 맞춰 보라고 했다. 눈먼 아이는 귀를 기울였고 쥐가 어디에 있는지 알아내었다. 쥐 소리는 교실 구석의 벽장에서 새어 나오고 있었다. 쥐는 쉽게 잡혔다. 수업 후 선생님은 눈먼 아이를 불러 이렇게 말했다. "넌 우리 반의 어떤 친구도 갖지 못한 능력을 갖고 있어. 네겐 특별한 귀가 있잖니." 그 말은 소년의 인생을 바꾸어 놓았다. 소년은 음악을 좋아했다. 이제 맹인이라는 사실도 방해거리가 될 수 없었다. 탁월한 청력이 있었으므로, 이 소년이 바로 'I just called to say I love you'라는 곡을 세계적으로 히트시킨 스티비 원더이다.

(2) 재능의 직업적 표현들

- 이를 뒷받침할 수 있는 전공설계가 되어야 한다.
  - 나는 일 진행을 꼼꼼하게 잘 기록할 수 있다.
  - 나는 사물의 이론이나 개념 따위를 어린 아이들에게 쉽게 설명할 수 있다.
  - 나는 주변의 물건들을 언제나 정리한다.
  - 나는 상대방의 말을 본능적으로 주의 깊게 경청하게 된다.

(3) 경력 전환 도구로서의 재능

- 이러한 재능을 습득할 수 있도록 전공설계를 한다.
  - 동기 감지능력(Sensing motive)
  - 아이디어간의 관계포착 능력
    (Seeing the relations within a cluster of ideas)
  - 집중하는 능력(Focusing)
  - 열심히 일하는 능력(Hard-working)
  - 새로운 시각으로 바라보게 만드는 능력
    (Getting others to see things from new perspectives)
  - 빨리 배우고 연구해내는 능력(Quick study & faster learn)
  - 사물에 대해 설명하는 능력(Explaining things)

사례 1

(Bridges, 1997)[1]:

William Bridges는 오늘날 미주 지역의 저명한 취업, 경력전환 컨설턴트이다. 그는 전직이 영문학 교수였다. 어느 날 교수직을 준비 없이 그만두었다. 다른 경력을 개발하려 애쓰는 과정에서 그는 자기 안에 재능처럼 생각되는 능력이 있음을 감지했다. 그는 상기 7가지 능력을 발견하고 이를 축으로 전직을 시도하였다. 그래서 취업, 경력전환 컨설턴트가 되었다.

사례 2

(인재학습에서 전공설계: My Major Road Map):

작성일: 2010. 6. 7.

성명	학번	학부	MRM(전공설계)
○○○	2011*****	자율전공학부	공공인재

- MRM란에는 공공인재, 과학인재, 전공선택 중 하나를 선택하여 적는다.

구분	어느 쪽으로 가고 싶다(나의 비전)
성취스토리	내가 맡은 분야에 책임감을 가지고 항상 모든 일에 도전적이며 끈기 있게 잘 완수 하자.
성인직업적성검사	철저한 자기관리, 그리고 치밀성이 요구되며 봉사하는 대민 접촉적 봉사정신이 투철한 인재로 분석됨.

1) Creating You & Co.: Learning to think like the CEO of your own career, Perseus Books, 1997.

구분	어느 쪽으로 가고 싶다(나의 비전)
어떤 일이 맞는가	육체적으로나 정신적으로나 힘들어도 내가 꼭 하고 싶고 좋아하는 직업을 갖자.
추적사례	규칙적인 생활과, 상사나 윗사람에 대한 신뢰감이 높고 일반적인 규범과 질서에 대해서도 폭넓게 수용함.
총정리	매사에 철저하고 계획적이고 주어진 일을 처리하고, 임무를 수행하려는 책임의식이 뛰어남.

• 나의 비전 란에는 두 줄로 간략하게 적는다.

구분	어떻게 하고 싶다(성공적인 나의 대학생활)
학습계획에 대한 목표 및 전략	1학년 때는 내가 듣고 싶은 수업과 전공과 관련된 수업을 자유롭게 듣는다. 자율전공학부의 공공인재양성 과정을 통하여 폭넓은 지식과 다양한 분야에 대해 공부한다. 그리고 전공을 확실히 선택하여 경찰공무원이 되기 위한 과정을 하나씩 밟는다.
생활태도	체력을 만들기 위해 수영을 꾸준히 하고, 언어교육원에서 운영하고 있는 외국어 공부를 열심히 하여, 1학년이 끝날 땐 토익점수 600점 이상을 만든다. 전공과 관련된 분야의 책을 읽어 지식을 쌓는다.
취미생활	과의 소모임과 과 행사에 참여하여 여러 가지 경험을 쌓고, 스터디 그룹을 잘 활용하여 도움이 될 만한 정보를 터득하여 경험을 쌓는다. 공직채용박람회 같은 곳을 자주 애용하여 꼭 알아야 할 지식을 배운다.

• 나의 대학생활 란에는 네 줄로 이내로 간략하게 적는다.

구분	1단계 전공 설계
전공설계(I)	1학년 1학기 : 〈자율전공-공공인재 양성과정〉 • 인재학습, 행정학개론, 한국사, 생활영어1, 문학의 이해, 문화적 글쓰기, 공무원입문1, 역사와 인간 1학년 2학기 : 〈자율전공-공공인재 양성과정〉 • 전공 설계, 법학개론, 실용한문, 삶과 철학, 실용영어, 진로 설정과 경력개발, 실용적 글쓰기 2학년 1학기 : 〈자율전공-공공인재 양성과정〉 • 헌법, 중국어 회화1, 형법총론, 행정법, 사회봉사, 실용영작문, 문학과 광고, 회계원리, 민법총칙 2학년 2학기 : 〈자율전공-공공인재 양성과정〉 • 형법각론, 조직관리론, 물권법, 기본권론, 정책학, 인사행정론 3학년 1학기 : 〈자율전공-공공인재 양성과정〉 • 채권법, 민사소송법, 범죄학, 통치구조론, 사회복지행정론, 재정학 3학년 2학기 : 〈자율전공-공공인재 양성과정〉 • 정책학, 형사소송법, 인턴십, 관리회계 4학년 1학기 : 〈자율전공-공공인재 양성과정〉 • 수험상식Ⅰ, 논술 시험 준비Ⅰ, 지방행정론, 화폐금융론 4학년 2학기 : 〈자율전공-공공인재 양성과정〉 • 수험상식Ⅱ, 논술 시험 준비Ⅱ, 시사경제세미나
전공설계(II)	- 난 범죄를 예방하고 정의롭지 못한 행동을 했을 때 바로잡는 일을 좋아한다. - 내가 맡은 직종에 대한 업무를 하고 작성하는 것을 좋아한다. - 난 남들이 부러워하는 직업 보다는 내 스스로가 보람차고 뿌듯하고 한번도 해보지 않은 일을 해보고 싶다.

	- 경쟁자가 많으면 치열하고 힘들겠지만 끝까지 포기하지 않고 무한한 경쟁 속에서 내가 선택되고 싶다. 이러한 조건들을 밑바탕으로 보아 내 자신이 충족하는 직업은 경찰공무원이다. 이 분야는 대중적으로 많이 알려져 있고 전문가가 많아 경쟁이 치열한 직업이다. 그만큼 전망이 밝고 모두에게 동경의 대상이 되는 직업이기 때문에 앞으로 우리나라 교통이나 범죄 등을 예방하는 차원에서 질적 수준이 높아질 가능성이 있다. - 나는 모든 일에 적극적이고 도전적이다. - 나는 정확하고 일처리를 철저하게 한다. - 나는 규범과 기준을 중시한다. - 나는 뚜렷한 기준과 자기의사가 분명하여 신속한 결론과 내 자신 스스로 통제능력이 우월하다. - 나는 잘못된 사고방식이나 행동을 긍정적인 사고방식으로 바꿀 수 있다. 체력과 운동신경이 기본적으로 받쳐주고 내가 좋아하는 이런 분야에 대한 지식도 어느 정도 잘 숙지하고 있고 좋아하고 꼭 해보고 싶은 일이기 때문에 경찰 공무원이라는 직업을 가졌을 때 매우 즐겁고 보람차게 할 수 있을 것 같다.
전공설계(III)	1. 전과를 하지 않기 때문에 자율전공학부에서 남아 공무원 인재 양성 과정에 참여하여 능률적으로 학습하고 행정과 관련된 교양과목과 사회과학대의 여러 강의를 듣자. 2. 영어는 어딜 가도 꼭 필요한 과목이다. 언어교육원에서 하는 과정을 이수하고 따로 혼자 예습과 복습을 하며 어휘량을 늘려가고 지금부터 꾸준히 하여 2학년 말에는 700점 이상을 넘기도록 하자.

- 전공설계(I)는 간략히 과목 중심으로 A4용지 1페이지 이내로 간략하게 적는다.
- 전공설계(II)는 왜 이러한 전공설계가 나의 개성화 강점인지 구체적으로 설명한다. 단, A4용지 0.5페이지 이내로 간략하게 적는다.
- 전공설계(III)는 1단계 전공설계가 성공하려면 나 자신이 극복하여야할 부분(학습부분)을 A4용지 0.5페이지 이내로 간략하게 적는다.

토의 1: 일상생활에 나타난 여러분의 재능을 적어보자.

토의 2: 자기 자신에게 감지된 재능을 활용할 수 있는 지식(교과 과목)을 알아내자.

토의 3: 강점 능력 파악과 위 전공설계 사례를 비교하여 어떤 점을 더 개선할 수 있을까?

2.1.2 재능의 의미

◆ 재능은 기술/지식과 개성의 융합적 표현이다.

◆ 전공설계는 재능의 의미를 극대화하여 자기 자신의 개성화 강점을 찾는 일거리(대학생활)이다.

(1) 보유한 기술의 파악

■ 체계적인 기술 보유가 가능하도록 전공설계를 만든다.

- 기술은 지식의 응용과 관련된 업무수행의 숙달성이다.
- 현재 자격증 문제가 예비 취업자들에게 이슈가 된 듯하다.
- 자격증 몇 개는 되어야 이력서를 채운다고 한다.
- 기술을 가졌다고 열거해 놓기만 하면 오히려 해가 될 수 있다.
- 목적 없이 닦은 기술, 숫자 채우기 자격증이 넘치고 있다.

토의 1: 보유기술의 체계화를 어떻게 성공적으로 습득할 수 있을까? 아래 표를 통해 계획을 세워 보자.

〈보유 기술의 체계화 계획〉

어디서 어떻게 (이미 획득, 혹은 계획)	나의 유용한 특기	나의 재능과 어떻게 관련되는가? 어디에 어떻게 응용되는가? 어떤 성과/결과를 얻을 것인가?
공식적 정규과정을 통해서 (대학교)		
비정규적 전문과정을 통해서 (세미나, 워크숍, 전문학원)		
업무 경험을 통해서 (가사, 아르바이트)		
취미/흥미 활동에서		
기타 다른 방법으로		

(2) 개성의 파악

- 개성심리학자 Mac Adams와 긍정심리학자 Peterson에 근거해서 개성을 찾도록 한다.
- 성격(기질), 흥미/관심, 가치관, 라이프스토리, 품성 등 5가지를 중심으로 찾는다: 인재학습에서 배운 내용(MBTI Form-G(성격유형검사), CTI(진로사고) 검사, 라이프 스토리, 직업 가치관검사, 직업 적성검사 등)을 참조한다.

(3) 성격과 직업적 의미

- 개성의 파악을 통한 전공설계가 자기 자신의 성격과 직업적 의미를 높인다.
  - 성격은 기질이다: 이것은 내적 경향성(internal disposition: temperament)을 말한다. 예를 들어, 동생은 "친밀하게" 사람을 대하는 성격을 가졌다. 이런 특징은 그의 행동에서 잘 나타난다. 친밀성은 언제나 어디서나 상황에 상관하지 않고 늘 드러난다. 성격/기질이 왜 취업에서 중요한가? 사람은 성격대로(성격을 나타내면서) 일을 한다. 성격은 어디서나 나타나지 않은가? 일하는 스타일이다.
  - Drucker(1977)[2]은 성격(temperament)은 "어떤 식으로 일하는가?"를 보여준다고 한다. 그는 "사람이 능력이 좀 딸리는 일을 하더라도 행복할 수 있고 성공도 할 수 있다. 그러나 성격이 안 맞는 일을 하면서 성공하기란 어렵고 또 행복할 수 없다."라고 말한다.
  - Bridges(1995)도 성격/기질을 중요시 한다. 내가 어떤 사람인가? 어떤 상황에서 가장 생산적이고 만족하는가? 에 대한 답을 주는 게 성격이다. 홀로 일을 해야 행복하고 생산적인지, 여럿이 시끌시끌한 곳에서 일을 하는 게 생산적이고 좋은지 그런 것들이다. "혼자서 일하기 좋아하는" 성격이라면 혼자 일할 수 있는 직업으로 나가야 한다.

---

2) People and performance: The best of Peter F. Drucker on Management, New York, NY: Harper's College Press.

2.2 직업선택과 재능의 관계

◆ 미래산업에서 자기 자신의 일맥을 찾는다면 매우 행복한 일이다.

◆ 대학생활에서 자기 자신의 재능을 발견하고 일맥과 연관시킨다면 매우 흥미로운 일이다.

◆ 성취스토리 쓰기는 자기 자신의 재능을 발견하고 확인하기 위한 가장 중요한 일이다.

2.2.1 성취스토리가 왜 그렇게 중요시 되는가?

◆ 과거에 경험했던 성취스토리를 기억해낸다면 그것은 자기 자신의 보물을 찾은 것과 같은 것이다.

◆ 자신의 매우 성공적인 성취스토리는 자신감과 추진력의 원동력이 된다.

(1) 재능의 발견과 분석

■ 이제 어떤 재능이 자기 자신에게 있는지 알아야 할 필요성이 있다고 확신한다.

■ 내가 과거 어떤 흥미와 관심을 가지고 있었는지 기억한다: 성취스토리를 작성하면서 가장 즐거웠던 추억, 가장 힘들었던 추억, 자기 자신의 성격(기질)이 폭발했던 기억들을 기억해낸다면 그것들 중에 상상할 수 없는 자기 자신만의 재능을 발견할 수 있을지도 모른다.

■ 친가 외가의 4촌 이상의 모든 친척 가족들을 하나하나 살피면서 어떤 재주들이 있었는지 보고 가족들이 말하는 것을 쪽지에 적는다.

■ 성취한 과거의 사건을 중심으로 이야기를 전개해본다: 최소 7개 이상 찾아낸다.

■ 성취스토리가 되려면 다음 세 가지 조건, 즉 즐김, 보람, 잘해냄을 동시에 충족해야 한다.

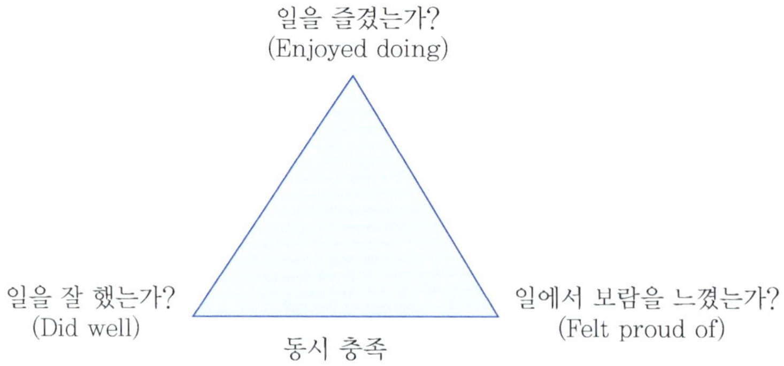

(Bernard Haldane 2007에서)

2.2.2 사례연구: 성취스토리에서 어떻게 재능요인을 잡아내는가?

◆ 자기 자신의 성취스토리에서 재능을 발견할 수 있는 기회를 얻자.

◆ 이러한 자기 자신의 재능들을 전공설계 작업의 기초 자료로 활용하자.

(1) 사례연구 1

■ 성취스토리 쓰기와 이를 통해서 어떻게 재능요인을 잡아내는지에 대한 사례 연구이다.

사례 1

성취스토리(임○○, 2002)

• [과부하 변압기 점검] 아르바이트

대학에 들어와 처음 맞는 여름방학이었다. 동아리의 선배를 통해 아르바이트를 소개받았다. 선배와 함께 찾은 곳은 자그마한 사무실이었다. 기억을 더듬어 보니, 한국전력과 연관된 곳이었다. 담당자는 나의 인적사항을 적고 나서, 내가 해야 할 일에 대해서 설명해주었다. 나에게 주어진 일은 수원시에 있는 외부 변압기의 온도를 측정하는 것이었다. 여름철, 높은 외기 때문에 전력소비량이 늘어 변압기에 과부하가 걸린다. 그래서 과부하가 걸린 변압기를 찾아내고 그 기록을 적는 일이었다. 근무 시간은 하루에 온도가 제일 높은 시간대인 2~4시와 전력소비량이 급격히 증가하는 시간대인 7~9시였다. 업무를 지시를 받고 다음날 사무실을 찾았다. 담당자는 수원시 지도를 건네주고, 변압기의 온도를 기록할 수 있는 양식지를 함께 주었다. 그리고 그날 조사해야 하는 지역을 지도에 표시해주었다. 온도 측정에는 레이저 온도계를 사용했으며, 높은 곳에 위치한 변압기의 온도를 측정하는 데에 편하게 이용할 수 있었다. 첫날, 2시간 30분 정도 걸려서 맡은 지역의 온도를 모두 측정할 수 있었다. 사람들이 자꾸 쳐다봐서 조금 민망했지만, 음료수 하나를 들고 쉬지 않고 걷고 온도 재는 것을 반복해서인지 빨리 끝낼 수 있었다. 자취방에 돌아왔을 때에는 얼굴이 빨갛게 그을렸고, 화끈거렸다. 그리고 오후에 한번 더 나가서 같은 곳을 반복했다.

다음날, 동아리 선배에게서 자전거를 빌렸다. 그리고 모자를 쓰고 사무실에 가서 업무지시를 받았다. 이번에는 자전거를 타고 다녀서인지, 1시간 49분만에 일을 끝낼 수 있었다. 기록지에는 온도를 측정한 시간을 기록하게 되어있었는데, 담당자는 나에게 "더운데, 쉬지 않고 일을 하네. 좀 쉬면서, 천천히 하라"고 말하였다. 그러나 나에게 주어진 일에 요령을 피우고 싶지 않았고, 또 그런 걸 싫어했다. 2시간이 채 안 되는 시간동안의 일당으로 3만원이나 받았으니, 맡은 지역에서는 하나의 변압기도 빠짐없이 체크하며, 온도를 기록하였다.

골목을 다니면서 변압기만 쳐다보고 다녔었다. 한번은 변압기의 온도가 50도가 훨씬 웃도는 곳이 있어, 그 정확한 온도와 측정시간을 기록한 데이터를 담당자에게 보여드렸다. 아르바이트를 끝내고 돌아오는 길에, 그곳의 변압기를 교체하는 작업을 보고 마음이 뿌듯했다.

그렇게 9일이 지나 수원시의 대부분의 지역의 변압기를 측정하였으며 아르바이트도 끝나게 되었다. 9일 일한 임금을 받을 때, 담당자가 "한 달을 계획하고, 아르바이트를 쓸 생각으로 채용했는데, 9일 만에 일을 끝냈다. 좀 요령 있게 일을 했으면 훨씬 더 많은 임금을 받았을 텐데…"라고 말하였다. 그 말을 듣고 나오면서 '좀 쉬엄쉬엄 할걸 그랬나?'하는 생각이 잠깐 들었으나, 일한 만큼 받는 게, 당연하다는 생각으로 일했으며, 또 일한 만큼보다는 더 많은 임금을 받았으므로 후회는 없었다.

아르바이트로 받은 27만원으로 교회에 십일조와 감사헌금을 내고, 나머지 돈으로 집에 필요한 탁자를 구입하였다. 얼굴은 까맣게 되고, 날은 더웠지만 즐겁게 일하였던 기억이다.

- [오락실] 아르바이트

8년간의 휴학기간 동안, 아르바이트를 계속하였다. 5일간 백화점 할인매장에서 현금을 관리하는 역할을 하였다. 백화점 측에서 상인들이 판매수입을 속일까 걱정하여 따로 관리자를 두어 현금을 관리하게 한 것이다. 여기저기 판매하는 곳을 옮겨서 5일 동안 일했으며, 꼼꼼하게 적은 기록으로 내가 일했던 곳은 결산이 빨리 끝날 수 있었다. 때때로, 상인들의 장사를 도와주곤 했었는데, 5일간의 아르바이트가 끝나고 마지막 날, 장사를 도와준 곳의 사장님이 여기에서 일해 보지 않겠냐는 제의를 했었다. 평소 수줍음이 많아 사람을 상대로 말을 잘하지 못한다고 생각했던 터라 그런 제의에 좀 의아해 했다. 근무 시간이 맞지 않아 정중하게 거절하였다.

그 후에 교회 권사님이 운영하는 오락실에서 아르바이트를 하게 되었다. 밤 9시부터 새벽 2시까지 5시간 동안 일하였다. 오락실은 10시 이후로 18세 미만의 청소년이 들어오지 못하도록 규제하고 있었으므로 그 시간동안 동전을 바꾸어 주고, 감시 카메라로 내부를 살피는 일이었다. 그리고 끝나는 시간에 맞추어 화장실과 오락실 내부를 청소하는 일이 전부였다. 시끄러운 오락기 소리에 귀가 아파 싫었지만 청소를 할 때는 마음이 즐거웠다. 그리고 주어진 일이라 열심히 했다. 여기저기 버려져 있는 쓰레기와 담배꽁초, 오물들을 볼 때마다 '사람들의 의식수준이 참 낮구나.'라는 생각이 들곤 하였다. 매일 담배꽁초를 줍고, 고무장갑을 하고선 화장실 바닥부터 변기까지 세제와 표백제를 이용하여 깨끗하게 청소하였다. 더러웠던 곳이 말끔하게 변해가는 모습이 좋았다. 깨끗하게 청소를 하고 돌아온 날이면 몸은 피곤했지만 마음은 편했다.

- [무역실무] 아르바이트

오락실 아르바이트를 끝내고, 도자기 무역을 하는 곳에서 일하게 되었다. 유럽과 아시아에 우리나라에서 생산되는 도자기 제품을 수출하는 회사였다. 사장님 혼자서 모든 일을 처리하였으며, 공장도 직접 운영하는 것이 아닌 아웃소싱 형태였다. 사무실은 가정집 한쪽에 마련된 작은 방이었다. 그곳에서 연매출 150만 불이 이루어지며, 3~4개 공장이 의지하고 있다는 것이 처음에는 믿어지지 않았다. 처음에 주어진 일은 간단한 서류작업이었다. 무역에 대해서 아는 것이 전무하였으므로, 사장님이 직접 세세하게 지도하고 가르쳐주셨다.

1개월 정도 지났을 때에는 무역의 흐름과 서류의 작성방법, 그리고 회사에서 취급하는 물품의 정보에 대해 알 수 있었다. 회사에서 다루는 아이템은 식기류와 머그컵, 그리고 티(tea)에 관계된 여러 제품들이었다. 모두 도자기로 만들어졌으며, 공장은 전남의 한 도시에 있는 곳 들이었다. 처음 며칠간은 모르는 게 너무 많아서 복잡해 보였는데 일주일 정도 지나서 여러 서류가 한 눈에 들어오기 시작하였고, 좀 더 보기 쉽고 찾기에도 쉽게 정리할 수 있겠다는 생각이 들었다. 사장님 혼자서 모든 일을 처리하다 보니 각 종 서류와 아이템, 바이어 등 여러 가지가 알기 쉽게 정리되어있지 않았다. 사장님과 함께 양식을 새로 만들고, 바이어 주소록을 새로 작성하였다. 아이템을 정리하기 위해, 고해상도 디지털 카메라를 구입하여 공장에 내려가 모든 아이템을 찍어서 분류하였다. 건축을 전공으로 하고 있었기 때문에 그래픽 작업은 어렵지 않았으며, 포토샵 책을 구입하여 여러 기능을 응용하여 아이템을 정리하였다. 무언가를 정리하는 일을 좋아해서인지 일은 재미있었다. 그동안 시각적인 자료가 부족하여 애로사항이 있었는데 바이어 측에서 직원을 구했냐고 물어보면서 좋아하였다. 영어가 취약하여 바이어의 전화를 받는 데는 서툴렀으나, 팩스로 오는 서류의 내용을 정리하여 출장 중에 있는 사장님에게 알려주는 데는 문제가 없었다.

시간이 있을 때, 사장님이 무역을 하시게 된 이야기를 전해 들었다. 참, 우연의 기회가 이렇게 오는구나 하는 생각이 드는 시간이었다. 사장님은 꼼꼼하게 서류를 작성한다고 칭찬을 하시면서, 한해를 더 휴학하고 정식직원으로 같이 일하자고 제의하셨다. 그러나 졸업의 문제로 약 5개월가량 일을 하고 복학하게 되었다. 마지막 일하는 날, 주문량과 차후에 선적할 양을 한 눈에 쉽게 볼 수 있도록 정리하여 바이어에게 보냈다. 고맙다는 팩스메시지를 받고 즐거운 마음으로 일을 마칠 수 있었다.

토의 1: 위의 성취스토리를 읽고 다음 문항에 대해 토의해 보자.

(1) 임○○은 어떤 재능(소질)을 가지고 있는가?

(2) 임○○의 기질적 특징을 찾아보라.

(3) 임○○의 강점인자가 무엇인가?

토의 2: 자기 자신의 성취스토리를 읽고 위 문항 3가지에 대해 알아보자.

(2) 사례 연구2

- 나의 성장 멘토리뷰의 내용으로서 앞으로 어떻게 하면 자기 자신의 성취스토리를 기억해낼 수 있는지에 대한 상담 기술과 대화 및 이메일 등의 방법을 습득하기 위한 사례이다.

사 례

성취 스토리 나누기

교수님! 저번에 교수님께 편지를 보냈던 유○○입니다. 이렇게 교수님께 또 메일을 보내게 되어서 정말 기쁩니다. 제가 교수님의 수업을 듣게 된 것은 정말 우연이었습니다. 같은 나이 또래로 ○○대학교를 먼저 졸업한 여자동창을 만나서 교수님 수업을 추천받았습니다. "마음은 자석과 같아서 자신이 생각한 것이 다가온다."라는 말처럼 교수님의 수업을 접하게 되어서 정말 놀라웠습니다. 지금 이렇게 메일을 보내면서도 즐거운 마음이 듭니다. 제가 '이성친구'가 아닌 다른 사람에게 즐겁게 가슴 뛰면서 메일을 보내는 것은 아마 처음이라 생각이 듭니다. '성취스토리'와 자신의 '강점능력 보고서' 작성에 관한 수업 내용은 정말 재미있고 흥미로웠습니다. 거기서 무엇인가를 얻을 수 있다는 점보다 제 자신에 대하여 연구해보는 것이 인생의 또 다른 묘미를 느끼게 해주었습니다. 제가 이렇게 교수님께 메일을 보내는 이유는 교수님이 던진 작은 돌멩이가 제 마음뿐만 아니라 제 주위 친구들한테도 많은 영향을 준 점과 최근 성취스토리를 교수님과 함께 이야기를 하고 싶어서 보냅니다.

교수님 수업에서 '성취스토리'와 '강점 능력 보고서'를 작성하면서, 저는 문득 지금 졸업을 하고도 취업하지 못한 친구, "때가 되면 되겠지"라고 생각하는 4학년 친구, 무엇을 어떻게 해야 할지 모르는 친구 등, 5명에게도 이야기를 나누어 보고 싶은 생각이 들었습니다. 물론 처음에 제가 이런 이야기를 꺼냈을 때 친구들은 많이 비웃었고, 또 "어떻게 남자들이 모였는데 술을 안 먹고 이런 것을 할 수 있겠냐?"라면서 들은 척도 안했습니다. 그래서 제가 나중에 술과 저녁까지 대접을 할 테니 주말에 한 번만 시간을 내달라고 애원했습니다. 저의 애절한 간청 때문인지, 나중에 술과 저녁을 대접한다는 이유때문이지는 모르겠지만, 친구들은 저의 요청을 수락했고, 그러고 나서 저는 친구들과 함께 1박 2일로 충남에 '동학사'라는 절에 갔습니다. 처음에 성취스토리를 쓰기 위하여 하루의 시간을 주었고, 절에서 이곳저곳을 돌아다니며, 성취스토리를 쓰게 만들었습니다. 저녁때가 되어서 각자 자신의 스토리를 가지고 서로 의견을 주고받았는데, "왜 세상이 나를 필요로 하는가?"에 대한 질문도 말해 주었습니다. 운동을 하는 친구, 춤을 추는 친구 등 서로 살아온 것이 다르므로 각자의 성취스토리도 굉장히 다양했습니다. 하지만 서로 의견을 주고받으면서, 자신이 좋아하고, 하고 싶은 일에 대한 생각이 조금씩 자리 잡아가는 감을 잡는 탓이었는지 자신들의 포부를 말하기 시작했습니다. 술도 없이 어떻게 우리가 만날 수 있겠느냐고 반문하던 친구들이 너무 열중하고 집중한 나머지 시간이 가는 줄도 모르며, 웃고 토론하기 시작했습니다. 정말 엄청난 분위기였습니다. 술만 먹으면 세상에 대해 한탄하며 담배만 피던 친구들이 서로에게, 아니 자기 자신에게 할 수 있다는 날개를 스스로 달고 있었던 것입니다. 조금 아쉬웠던 점이 있다면, 제가 교수님처럼 많은 지식을 가지고 있는 게 아니라서 전용성 소질과 그 중요성에 대해서는 조금밖에 말해주지 못하였습니다. 하지만 저는 친구들에게 교수님이 말씀하신 내용 하나를 더해 전달해 주었습니다. 그 내용은 '삼고초려'라는 것이었습니다. 누군가를 만나기 위해 그 자리에서 계속 기다리는 교수님의 모습은 마치 천하를 얻기 위해 '제갈량'을 만나는 '유비'의 모습과도 같았습니다. 이러한 내용은 친구들도 놀라면서 받아들였습니다.

이런 엄청난 일이 있은 후에 다음날 아침에는 명상의 시간을 가져보기로 했습니다. 많은 이야기가 오고 간 탓인지 아침 10시에서야 비로소 명상을 시작했습니다. 명상을 한 후 친구들이 말하길 자신의 목적과 부모님에 대한 생각이 많이 들었다고 합니다. 서로 온 몸에 전기가 통하듯이 몸서리를 치며 웃고 있었습니다. 그래서 오히려 친구들이 저에게 저녁을 사주었습니다. 또한 정기적으로 한 달에 한 번씩 이러한 모임을 가지자고 제의했습니다. 한 달에 한 번 꼭 술을 마셔야 된다는 친구들의 마음을 바뀌게 해준 교수님의 끈끈한 충고와 강의에 대해 다시 한 번 더 감사의 마음을 표합니다.

(유OO, 전자, 2005.)

토의 1: 상기와 같은 사례가 있는 학생들의 경험을 발표해 보자.

제3장

직업선택을 위한 전공설계 하기

3.1 재능과 직업, 그리고 학습의 연계

3.2 직업선택을 위한 나의 성장 멘토리뷰 활용 방법

3 직업선택을 위한 전공설계 하기

◆ 전공설계는 자기 자신의 미래 할 일(Study)에 대한 계획(Plan)이 담겨지는 그릇이다.

◆ 전공설계가 자기 자신의 강점을 키워준다는 믿음이 있을 때 미래는 행복이다.

3.1 재능과 직업, 그리고 학습의 연계

◆ 자기 자신의 재능과 관련된 직업의 기술들을 습득할 수 있도록 전공설계를 한다.

◆ 전공설계를 통한 교과목들을 학습하면서 자기 자신의 재능을 극대화[1]시켜 나간다.

1) 수련과정과 학습과정을 거쳐 일맥을 찾는다.

3.1.1 발견된 나의 재능이 어떤 방향의 경력(career) 또는 일맥(work pattern)을 가리키는가?

- ◆ 경력 또는 일맥을 습득할 수 있도록 전공설계를 만든다.
- ◆ 전공설계를 수행하는 대학생활에서 가장 중요한 것은 인간관계이다.
- ◆ 인간관계에 관한 기술은 멘토와 멘티를 성공적으로 도와준다.
- ◆ 멘토와 멘티를 통한 나의 성장 멘토리뷰를 통해 리더가 될수 있다.

(1) 성공적인 전공설계와 경력 또는 일맥 가이드

■ 일맥 심리

- 우리 주변에는 자기 자신만의 고유한 일거리(일맥)가 없어서 취업 경쟁력에서 자신감이 없고 방황하는 사람들을 볼 수 있다.
- 대학교육까지 받은 사람조차도 일없이 지내는 처지를 보면 자기 자신의 일맥에 대한 자신감은 매우 중요하다.
- 누구를 막론하고 사회생활을 통한 경력 또는 일맥이 없다면 그 사람은 매우 고통스럽게 마련이다.
- 대부분의 사람들은 사회구성원으로서의 생계 내지는 자아실현을 충족시키기 위한 수단으로서 경력 또는 일맥을 찾아 직업생활을 계속하게 된다.
- 아무리 하찮은 일이라고 일은 그 사람에게 의미를 준다: 인간은 사회적 동물이기 때문이다.
- 일맥은 자기 자신의 정체성, 가치관에 심오한 영향을 미친다.

■ 일맥의 기능

- 일맥은 두 가지를 준다: 하나는 일을 잘하게 하고 어떤 다른 직장으로의 전환을 매우 진지하게 쉽게 도와준다. 둘은 질적으로

높은 수준의 일을 할 수 있도록 하기 때문에 돈을 벌게 하고 안식처를 마련해주고 사회생활의 안정적인 활동을 보장해준다.

- 일맥을 통한 자기 자신의 재능의 방향이 정해지고 계속 개선되어 나가면 "나는 일하는 것을 좋아하기 때문에 일한다."라고 말할 수 있는 기회를 잡을 것이다.

직업	점수	직업	점수
의사	82	은행원	50
대학교수	78	전기 기사	49
법관	76	경찰관	48
치과의사	74	보험 사원	47
은행간부	72	비서	46
비행기 조종사	70	항공관제사	43
성직자	69	우편배달부	42
사회사업가	66	농장주	41
중등학교 교사	63	음식점 지배인	39
간호원	62	자동차 수리기술자	37
약사	61	제판 기술자	34
초등학교 교사	60	점원	29
회계사	56	주유소 직원	22
화가	56	식당 종업원	20
도서관 사서	55	세탁소 경영	17
배우	55	환경 미화원	17
장의사	52	(빌딩)청소원	16
운동선수	51	안내인	15
기자	51	구두닦이	12

- 일맥에 의한 흐름을 아는 사람은 "다른 사람이 하지 못하는 일을 성취할 수 있는 행복"을 누릴지도 모른다.
- 일맥은 나의 직업이 나에게 꼭 알맞은 것이라고 판단하는데 매우 중요한 기준이 된다.
- 일맥을 찾은 사람은 동료들과의 과도한 경쟁 속에서도 여유로

운 마음을 가지고 즐겁게 직장 생활을 할 수 있도록 한다.

- 경력 또는 일맥을 통한 자기 자신의 재능을 발견하고 습득해 나간다면 직업의 사회적 위상과 관계없이 항상 행복을 누릴 수 있다: 직업에 따른 사회적 위상(1972년-1982년: 미국사회)은 상기와 같다(가장 높은 것은 90으로, 가장 낮은 것은 10으로 함).

(2) 일맥의 동기

■ 일맥은 재능(기술/지식 포함)과 개성의 최적 융합으로 빛날 수 있다.

- 사람은 돈을 위해서 일맥을 갖는 것일까? 아니면 일맥의 즐거움을 위해서일까?

사례 1

1. 돈을 위해: 금광 캐는데 미친 사람들, 도박에 미친 사람들 (정선카지노 등).
2. 즐거움을 위해: 무명 가수들, 무명 연극인들, 자원 봉사자들.

- 일맥의 내적 동기: 자신의 즐거움을 위한 것이지 보상 때문이 아니라는 것이다.

사례 2

성철 스님, 허경영(대통령 후보자)

- 일맥의 외적 동기: 일맥에 상응하는 보수를 받기 위한 것이다.

사례 3

(김연아, 피겨스케이팅 선수)

김연아(金姸兒, 1990년 9월 5일~)는 경기도 부천시에서 태어난 대한민국의 피겨스케이팅 선수이다.

밴쿠버 동계올림픽 여자싱글 챔피언, 2009년 세계선수권 챔피언이다. 대한민국 최초의 올림픽 피겨스케이팅 메달리스트, 세계선수권 메달리스트이기도 하다. 또한, 2009년 4대륙 피겨스케이팅 선수권대회 우승, ISU 그랑프리 파이널 3회 우승을 비롯해, 참가한 모든 국제 대회에서 입상한 경력을 가지고 있다.

2009년의 세계선수권에서 총점 207.71을 기록해 여자싱글 최초로 200점을 돌파하였다. 2010년 밴쿠버 동계올림픽에서는 쇼트프로그램 78.50점, 프리스케이팅 150.06점, 총점 228.56점으로 세계 최고 기록을 경신하였다.

2011년 세계선수권 이후에는 평창 동계올림픽 유치 홍보대사로 활동하여, 2011년 7월 7일(대한민국 시간 기준) 남아프리카공화국 더반에서 결정된 2018년 동계올림픽 평창 유치에 크게 기여하였다.

■ 학력: 서울 고려대학교 체육교육학과 (재학)

– 기본 정보

김연아는 1990년 9월 5일 경기도 부천시 중구 (현 원미구) 도당동에서 아버지인 김현석과 어머니 박미희의 2녀 중 차녀로 태어났다. 김연아는 7살인 1996년에 스케이트를 처음 시작했고, 14살인 2003년에 피겨스케이팅 국가대표로 선발되었다. 김연아의 코치로는 지현정, 김세열 등이 담당했었고, 2007~2010년에는 캐나다의 브라이언 오서가, 2010년 10월 이후로는 피터 오피가드가 맡고 있다. 김연아의 대부분 프로그램의 안무는 2006년부터 함께한 안무가 데이비드 윌슨

이 만들었다. 훈련지는 2007년부터 2010년 8월까지는 캐나다 토론토 크리켓 스케이팅 컬링 클럽이었고, 현재는 페어출신 미국인 선수이자 미셸 콴의 형부인 피터 오피가드와 미국 LA 이스트 웨스트 아이스팰리스에서 훈련중이다. 현재 소속사는 올댓스포츠이며, 공식 스폰기업으로는 KB국민은행, 나이키, 현대자동차 등이 있다(2011년 7월 현재).

김연아는 주니어 데뷔 후 역대 참여한 경기에서 3위 밖에 밀려난 적이 없으며, 이런 기록은 1960년 캐롤 헤이스 이후 김연아가 처음이다. 2006-2007 시즌 충격적인 시니어 데뷔와 함께 세운 세계신기록을 자신이 계속 경신하는 중이며, 마지막에 세운 세계신기록은 2010년 밴쿠버 올림픽에서 받은 점수다. 2010년 월드컵 이후 뉴욕타임스에 세계에서 가장 영향력 있는 100인에 꼽혔으며, 미 국무부 장관인 힐러리 클린턴에게 편지를 받고 미셸 콴이 김연아의 아이스 쇼에서 복귀를 하는 등 다방면의 저명인사와도 친분이 있다. 피겨 스타들뿐만 아니라 세계 유수의 언론들과 전문가들은 김연아를 피겨 역사에 한 획을 그은 인물로 평가한다.

군포시의 신흥초등학교, 도장중학교, 수리고등학교를 졸업했으며, 현재 고려대학교 체육교육과에 재학 중이다. 취미는 웹서핑, 음악감상 등이 있다.

- 경력

  • 유년 시절

김연아는 7살 때인 1996년 피겨스케이팅을 시작했다. 군포 신흥초등학교 시절부터 전국동계체전 등 각종 국내 피겨대회에서 우승을 하면서 일찍부터 재능을 인정받은 김연아는 2002년 4월 처음으로 출전한 국제대회인 슬로베니아 트리글라브 트로피 대회 노비스(13세 이하) 부문에서 우승하고, 2003년 11월에 열린 크로아티아 골든베어 대회 노비스 부문에서도 우승을 하면서 장차 세계적인 선수로 성장해 나갈 수 있는 가능성을 보였다. 김연아는 12살에 트리플 점프 5종(러츠, 플립, 토룹, 룹, 살코)을 완성했고, 2003년 중학교 1학년 때 처음 국가대표로 선발되었다.

• 주니어 시즌(2004-2005 시즌)

2004년 국제무대에 주니어로 데뷔하였다. 처음으로 출전한 국제대회인 ISU 주니어 그랑프리에서 각각 2위, 1위를 차지하였고 결승인 주니어 그랑프리 파이널에 진출하여 2위를 기록하였다. 이는 대한민국 피겨 사상 최고의 성적이었다. 이듬해인 2005년 3월에 열린 주니어 세계선수권대회에서는 처음으로 3회전 토룹+3회전 토룹 연속 점프를 성공시키며 2위를 기록했다.

• 주니어 시즌(2005-2006 시즌)

2005년에 열린 주니어 그랑프리에서 3회전 플립+3회전 토룹 연속 점프를 선보였으며, 주니어 그랑프리 파이널에서는 3회전 5종류의 점프를 모두 성공시켜 금메달을 차지했다. 이듬해인 2006년 1월 이탈리아에서 열린 토리노 동계올림픽에는 나이 제한에 걸려 출전하지 못했다. 2006년 3월에 열린 주니어 세계선수권대회에서 아사다 마오를 누르고 큰 점수 차이로 1위를 차지하였으며 이로써 본격적으로 국제무대에서 이름을 각인시켰다. 또한 이 시즌에 출전한 모든 경기에서 고난도의 3회전 플립+3회전 토룹 연속 점프를 모두 성공시켰다. 김연아는 이 때 집안 사정으로 여분의 부츠가 없어서 투명 테이프 등의 어려움을 겪으며 선수생활을 지속할지 고민했다.

• 시니어 시즌(2006-2007 시즌)

김연아는 이나바우어(2006 스케이트 캐나다) 2006년 11월 5일에 열린 자신의 시니어 데뷔 첫무대인 스케이트 캐나다에서 3위에 입상했고, 11월 19일에 열린 트로피 에릭 봉파르에서는 대한민국 국적 최초로 시니어대회 우승을 차지했다. 이어 12월 17일, 러시아 상트페테

르부르크에서 열린 그랑프리 1~6차 대회의 최상위권자 6명만이 출전할 수 있는 그랑프리 파이널에서 김연아는 일본의 아사다 마오를 12점차로 누르고 우승을 차지했다. 2007년부터는, 주니어 시절부터 그녀를 지도한 김세열 코치에 이어 캐나다의 브라이언 오서 코치와 함께했다. 브라이언 오서는 캐나다 출신으로 1984년 사라예보 동계올림픽과 1988년 캘거리 동계올림픽에서 두 번의 은메달을 땄으며, 2006년 중순 김연아가 캐나다에서 전지훈련을 할 때 김연아의 갈라 안무를 담당하기도 했었다.

2007년 1월 말에 열린 창춘 동계 아시안 게임에는 허리 부상이 악화되어 출전을 포기했다. 그러나 2월에는 제88회 대한민국 전국동계체육대회에 참가해, 고등부에서 총점 139.66점으로 금메달을 차지했다.

2007년 3월 23일, 일본에서 열린 세계선수권 대회. 김연아는 쇼트프로그램에서 영화『물랑 루즈』의 음악「록산느의 탱고」에 맞춰 연기를 펼쳐, 71.95점이라는 놀라운 세계신기록점수를 수립하면서 쇼트프로그램 1위를 차지했다. 당시 허리부상이었음에도 불구하고 완벽한 연기를 펼쳐 시니어데뷔 후 나간 첫 세계선수권대회에서 역대최고신기록을 내 전 세계를 놀라게 한 것이다. 이는 이전까지 최고 기록이었던 미국의 사샤 코언이 2003년에 세운 71.12점보다 0.83점 높은 기록이었다.

다음날 열린 프리스케이팅에서는 〈종달새의 비상〉에 맞춰 연기했으나 점프 중 2차례 넘어지는 실수로 인해 종합 3위를 차지, 첫 시니어 세계선수권에서 동메달을 따며 시즌을 마무리한다. 총점은 186.14점으로 자신의 개인 최고 기록을 경신했다. 이로써 김연아는 2006-2007 시즌랭킹 1위에 올랐다.

- 시니어 시즌(2006-2007 시즌의 성과)

점프요소에서 2점대의 가산점(+2.00)을 받은 세계 최초의 여자 선수이다.

시즌 동안 참가한 모든 경기의 SP, FS에서 3회전+3회전 연속 점프를 모두 100% 성공한 유일한 선수이다.

주니어에서 시니어로 데뷔한 당해 연도에 그랑프리 파이널에 진출한 역대 3번째 선수이며, 파이널 우승을 차지한 역대 2번째 선수이다.

• 시니어 시즌(2007-2008 시즌)

김연아는 2007년 5월부터 안정되고 체계적인 훈련을 하기 위해 연습거점을 캐나다 토론토로 옮기고 토론토 크리켓 스케이팅 & 컬링 클럽에서 코치인 브라이언 오서와 함께 훈련하기 시작했다. 2007년 11월 8일에 열린 컵 오브 차이나에서 쇼트프로그램(SP)과 프리스케이팅(FS)에서 한 번씩의 점프 실수를 하였음에도 불구하고 전체적으로 안정되고 질 높은 연기를 선보여 프리스케이팅에서 122.36점으로 자신의 최고기록을 갱신하며 우승을 차지했다. 11월 24일에는 러시아 모스크바에서 열린 컵 오브 러시아에 참가하여 프리와 총점에서 개인최고기록을 갱신하면서 우승을 차지하였다. 특히 이 대회 프리스케이팅에서 기록한 133.70점은 이전까지 세계최고기록이었던 아사다 마오의 133.13점을 넘어서는 세계신기록이었다.

2007년 12월 14일 이탈리아 토리노에서 열린 그랑프리 파이널에서 김연아는 쇼트프로그램 64.62점으로 1위, 프리스케이팅 132.21점으로 2위를 차지하여 합계 196.83점으로 총점 191.59점을 획득한 아사다 마오를 5.24점차로 제치고 2006년에 이어 대회 2연패를 달성하였다. 그랑프리 파이널 대회 2연패는 미국의 타라 리핀스키와 러시아의 이리나 슬루츠카야에 이어 여자싱글 사상 세 번째 기록이다. 또한 한 시즌에 그랑프리 시리즈와 파이널에서 모두 우승을 차지한 것도 1995년의 미셸 콴, 2000년의 이리나 슬루츠카야에 이은 역대 세 번째이다.

2008년 2월 13일, 대한민국 고양시에서 열린 4대륙 선수권대회에 참가할 예정이었으나, 어렸을 때부터 척박한 환경에서 무리한 연습으로 인해 쌓인 피로 때문에 생긴 고관절 부위 부상으로 출전하지 못했다.

결국 2008년 3월 17일, 아직 고관절부상이 완치가 안 된 상태에서 스웨덴 예테보리에서 열린 세계선수권에 참가했으나, 쇼트프로그램 연기도중 러츠점프에서 넘어져 5위를 하였고, 프리스케이팅에서는 경기 당일 심해진 부상 통증으로 인하여 진통제 주사를 맞고 경기에 임했다. 프리스케이팅에서 트리플 러츠를 제외한 모든 점프를 성공하는 등의 안정적인 연기를 펼쳐 1위(123.38점)를 기록, 총점 183.23점으로 지난 시즌에 이어 또다시 부상투혼으로 2년 연속 동메달을 따게 된다. 이 경기에서 아사다 마오는 첫 트리플 악셀 실패 후 20초간 활주에도 불구하고 PCS감점을 받지 않아 논란이 되기도 했다.

• 시니어 시즌(2007-2008 시즌의 성과)

3회전+3회전 연속점프의 가산점(+2.00)과 3회전 러츠의 가산점(+1.80)[20]은 여자선수 중 최고의 가산점으로 기록되고 있다. 특히 3회전+3회전의 경우 세계 최초로 3개 대회 연속으로 +2.00의 가산점을 받았으며, 이는 남녀선수를 통틀어 김연아만이 받은 기록이다.

2007-2008 시즌 출전한 모든 대회에서 상위권 랭킹의 선수 중 유일하게 잘못된 엣지(Wrong edge, 러츠점프, 플립점프의 잘못된 도약 판정) 판정을 받지 않았으며 점프의 회전수 부족(Downgrade,다운그레이드) 판정을 받지 않는 등 완성도와 정확성 면에서 가장 뛰어난 점프 기술을 보여주었다.

6개의 그랑프리 시리즈에서 가장 우수한 성적을 거둔 6명의 선수만이 출전하는 2007 그랑프리 파이널에서는 김연아만이 스핀, 스파이럴에서 모두 최고난도의 레벨 4를 받았다.

2007/2008 그랑프리 컵 오브 러시아 FS(프리스케이팅)에서 133.70으로 세계신기록을 세웠다.

• 시니어 시즌(2008-2009 시즌)

2008년 10월, 1차 그랑프리 대회인 스케이트 아메리카에 출전했다. 시즌시작 후 처음 선보인 쇼트 프로그램은 카미유 생상스의 〈죽음의 무도〉였으며 경기의 결과는 69.50점이라는 높은 점수로 쇼트 2위인 안도 미키와 11.70점의 차이를 내며 1위를 기록한다. 시즌 시작 후 새롭게 선보인 프리스케이팅은 니콜라이 림스키코르사코프의 〈세헤라자데〉였다. 프리프로그램에서는 3회전 룹 점프를 1회전으로 처리, 카멜 스핀에서 회전수 부족의 실수를 제외하고는 다른 요소에서 좋은 연기를 펼쳐 193.45점이라는 압도적인 점수로 우승을 차지했다. 이 점수는 2위인 나카노 유카리보다 21점이나 높은 점수였다. 세계선수권 4회 우승자이며 현 미국 피겨스케이팅 해설자인 커트 브라우닝은 김연아의 연기를 보고 언론과의 인터뷰에서 "오늘 김연아 선수의 연기는 거의 '쓰나미'와 같은 감동을 줬습니다."고 말했다.

11월에 열린 2차 그랑프리 컵 오브 차이나에 출전한 김연아는 쇼트프로그램에서 63.64점으로 일본의 안도 미키를 4.34점 차이로 눌렀다. 이틀 후에 열린 프리스케이팅에서는 자신의 PCS기록을 경신하며 128.11점이라는 높은 점수를 얻었다. 또한 3회전 러츠의 실수를 제외하고 대부분의 요소에서 가산점을 받았으며, 특히 스파이럴에서는 2.00 점의 높은 가산점을 받아, 총점 191.75점으로 2위의 안도 미키를 20.87점차이로 누르고 우승했다. 이 대회에서는 김연아가 다른 어떤 선수보다도 정확한 러츠 점프와 플립 점프를 구사하는데도 불구하고 쇼트에서 플립 점프에 '롱 엣지' 판정과 프리에서 플립에 '어텐션(애매한 엣지 사용)' 판정을 받아 심판의 편파 판정이 아니냐는 이야기가 피겨팬들로부터 나왔다. 이 대회 이후에는 2008 그랑프리 파이널에서는 플립점프에 대해 올바른 엣지 사용으로 판정되고, 2009 세계선수권 대회에서 플립점프에 어텐션이라는 판정이 나왔다. (이후에는 2009-2010시즌부터는 플립점프를 단독점프를 뛰었고 정확한 플립으로 평가 받았으며 가산점을 최대 2.0점을 받았다.) 2008년 컵 오브 차이나의 우승으로 김연아는 그랑프리 대회 5연속 우승을 달성하였으며, 2009-2010 시즌에 출전한 남녀 선수들 중 가장 먼저 2008 그랑프리 파이널의 진출을 확정했다.

2008년 12월 대한민국 고양시에서 개최된 그랑프리 파이널에서는 쇼트 프로그램에서 3회전 러츠를 1회전으로 처리하는 실수가 있었지만 워낙 다른 요소들을 완벽히 수행하여 2위와는 근소한 차이로 1위에 올랐다. 다음날 프리스케이팅에서도 3회전 러츠를 1회전으로 처리, 3회전 살코에서 넘어지는 실수가 있어 2점차로 아깝게 우승을 놓치고 종합 186.35점으로 아사다 마오에 이어 2위를 기록한다. 이 대회에서는 플립 점프에 대해 롱엣지 판정이 아닌 올바른 점프로 판정받았고 쇼트 프로그램의 콤비네이션 점프에서는 2.00점, 프리 프로그램의 3+3점프는 1.4점의 가산점을 받았다. 그랑프리 파이널에 출전한 여자 선수들 중에서 3회전+3회전 연속 점프를 성공시킨 것은 김연아뿐이었다.

2009년 2월, 캐나다 밴쿠버에서 개최된 4대륙 선수권 대회에서는 다른 선수들의 연습방해로 인한 많은 논란이 있었다. 한 방송사와 구경하던 피겨팬들에 의해 촬영된 영상은 인터넷을 통해 퍼져나갔고 김연아 선수도 한 언론사와의 인터뷰에서 4대륙에서 다른 선수의 방해가 유독 심하게 느껴졌다고 말했다. 일본 피겨연맹과 일본의 피겨선수 아사다 마오는 피겨스케이팅에서 연습 방해란 있을 수 없는 일이라며 나섰지만 과거 아사다 마오 선수가 미국의 에밀리 휴즈에게서 연습방해로 사과를 요구했던 일도 알려져 논란은 일파만파 커졌다. 하지만 김연아는 쇼트 프로그램에서 점프의 성공과 모든 스핀과 스파이럴 레벨 4를 받아 72.24점의 점수를 받았고, 2007년에 자신이 세웠던 세계기록을 다시 경신한다. 프리스케이팅에서는 룹을 제외한 3회전+3회전 연속 점프를 성공시켜 2위인 캐나다의 조아니 로셰트와는 6점차, 3위인 아사다 마오와는 12점차로 우승을 차지했다. 지난 그랑프리 파이널에 이어 4대륙에서도 쇼트프로그램과 프리스케이팅에서 모두 3회전+3회전 연속 점프를 인정받은 것은 김연아 뿐이었다.

2009년 3월, 미국 로스앤젤레스에서 개최된 2009년 세계선수권대회 쇼트 프로그램에서는 모든 점프의 성공, 스핀과 스파이럴에서 레벨 4, 스텝 레벨 3과 가산점 1점을 받는 등 76.12점이라는 사상 유례없는 높은 점수를 받았고, 이로써 4대륙 선수권 대회에서 자신이 세운 세계기록을 다시 경신하게 된다. 다음날 열린 프리스케이팅에서는 살코와 스핀 실수에도 불구하고 131.59점을 받아 총점 207.71을 기록하며 종합 1위(금메달)을 차지한다. 김연아의 프리스케이팅의 점수(131.59)는 자신이 세운 세계 최고 기록인 2007-2008 컵 오브 러시아(133.70)와 2007-2008 그랑프리 파이널(132.21)에 이어 3번째로 높은 점수이다. 4대륙 선수권 대회와 마찬가지로 쇼트 프로그램과 프리스케이팅에서 3회전+3회전 연속 점프를 시도해 쇼트, 프리 모두 성공한 것은 김연아만이 유일하다. 또한 피겨스케이팅 여자싱글 선수 사상 최초로 200점을 넘은 것이었다. 다른 경기에서 논란이 되어온 플립 점프에 대해서는 1992년 올림픽 여자싱글 금메달리스트 크리스티 야마구치는 플립에 어텐션이 붙었다면 심판은 반성해야했을 것이라고 말하고, 일본의 올림픽 은메달리스트 이토 미도리 또한 이것은 명백한 플립이라고 말했다. 그러나 이 경기에서도 심판들은 김연아의 플립에 어텐션을 줘 편파 판정의 논란이 일었다.

김연아는 이날 자신이 주니어 때부터 롤모델로 삼았던 미셸 콴의 기립박수를 받았을 뿐 만 아니라 직접 만나는 자리까지 갖게 된다. 또한 구채점에서 신채점제로 넘어가면서 피겨의 예술성이 사라졌다고 비판하던 언론들에서도 김연아의 스케이팅을 인정하는 계기가 된다. 세계적인 발레리나 강수진은 김연아의 연기에 대해 “발레로 치면 다른 선수들은 주역무용수나 솔리스트라고 할 수 있지만, 김연아씨는 프리마 발레리나였어요. 한마디로 그녀의 스케이팅은 '아름다웠습니다'. 다른 선수들과 달리 연아씨는 테크닉이 전부가 아니라는 것을 몸으로 보여주었습니다. 카트리나 비트 이후 연아씨처럼 동작 하나 하나를 부드럽게 표현해내는 선수는 보지 못했어요. 전체적으로 몸이 균형 잡혀 있었고 특히 팔의 움직임은 정말 훌륭했습니다."고 평했다. 뿐만 아니라 Universal Sports, David Dore(세계 ISU 연맹 부회장), 미셸 콴 등의 극찬을 받으며 김연아는 08-09 시즌을 마무리했다. 2009 세계선수권 대회 시상식에는 데비 토마스, 크리스티 야마구치 등 미국 역대 피겨스타들이 메달 수상식에 나타나 피겨팬들을 감격시켰다.

• 시니어 시즌(2008-2009 시즌의 성과)

3회전+3회전 연속 점프, 2회전 반+3회전 연속점프의 성공률이 100%였다. 여자싱글에서 68.40점으로 가장 높은 "프로그램 수행 점수(PCS)"를 기록했다. (2009년 세계선수권 프리스케이팅) 피겨 전 종목을 통틀어, PCS 점수에서 8점대 이상을 기록한 최초이자 유일한 선수이다. (스케이팅 기술: 8.50, 전환/연결 풋워크: 8.25, 연기/수행: 8.70, 안무/구성: 8.60, 해석: 8.70) (2009년 세계선수권 프리스케이팅)

2009 세계선수권 대회 SP(쇼트프로그램)에서 76.12로 세계신기록을 세웠다. 2009 세계선수권대회 종합 207.71로 세계신기록을 세우게 됨으로써 역사상 세계최초로 합계 200점을 넘은 첫 여자선수가 되었다.

• 시니어 시즌(2009-2010 시즌)

2009년 10월, 시즌의 첫 대회인 그랑프리 트로피 에릭 봉파르에 출전, 쇼트 프로그램 007메들리를 발표하면서 2008-2009시즌 편파 판정의 논란이 있었던 3회전-3회전 점프에서 가산점 2점을 받고 쇼트에서 압도적인 1위를 한다. 프리 스케이팅에서는 자신이 2007년 컵 오브 러시아에서 세웠던 프리 스케이팅 세계 최고 기록 133.70점을 다시 경신하여 또 한 번의 프리스케이팅 최고기록인 133.95점을 기록하였고, 총점 역시 210.03점으로 세계 최고 기록을 경신하며 우승했다. 김연아는 2009년 트로피 에릭 봉파르부터 기존의 3회전+3회전 콤비네이션 점프 '트리플플립+트리플토룹'(기초점:9.5점)을 '트리플 러츠+트리플 토룹'(기초점:10점)으로 바꾸고 플립은 단독 플립으로 뛰었다. 또한 점프 전에 이나바우어와 스프레드 이글을 연결하는 등 점프 도약 전에 여러 트랜지션을 넣었다.

두 번째로 출전한 대회인 스케이트 아메리카에서는 쇼트프로그램에서 76.28점을 기록하며 자신이 지난 2009년 3월 세계선수권에서 세운 세계 최고 기록을 또다시 경신한다. 또한 이 대회에서 여자싱글 선수로서는 처음으로 점프에 2.20점의 가산점을 받기도 하였다. 프리 스케이팅에서는 2위를 기록하였고, 종합 1위로 우승한다. 이로써 김연아는 그랑프리 시리즈 7개 대회 연속 우승을 기록 하였다.

2009년 12월, 일본 도쿄에서 개최된 그랑프리 피겨스케이팅 파이널에서 쇼트 플립점프를 1회전으로 처리하게 되는 실수와, 3회전 러츠+3회전 토룹 콤비네이션 점프에서 두 번째 연결점프가 회전수 부족 판정을 받아 쇼트를 2위로 마쳤다. 그러나 이 연결점프는 일본 아사히 방송국 해설자 아라카와 시즈카(2006 토리노 동계올림픽 우승)가 가산점 2점이 마땅히 붙을 것이라 극찬한 바 있다. 다음 날, 프리 경기 직전 연습에서 스케이트 부츠의 날이 서로 부딪침으로 인해 날이 약간 휘어진 상태로 경기를 치렀으나, 프리 1위로 우승했다. 이로써 김연아는 2006, 2007년에 이어 그랑프리 파이널에서 3회 우승을 차지하게 되었다.

2010년 2월 24일, 캐나다 밴쿠버에서 개최된 2010 밴쿠버 동계올림픽에서 김연아는 해외 언론들의 주목과 대한민국 국민들의 기대를 한몸에 받는다. 스포츠 일러스트레이티드(SI), 뉴욕타임스(New York Times), IFS(미국 피겨 매거진), ESPN, NBC 등 해외 언론들은 김연아를 동계올림픽 때 주목해야할 선수로 소개한다. 피겨스케이팅 여자싱글 쇼트 프로그램에서 김연아는 올림픽 한 달 전 얻은 발목부상을 딛고 완벽에 가까운 연기를 펼쳐 기술 점수 44.70점, 예술 점수 33.80점, 합계 78.50점으로 다시 한 번 세계기록을 경신하며, 쇼트 1위를 기록한다.

많은 언론들에서 꼽는 라이벌인 아사다 마오 선수가 바로 앞에 실수 없이 경기를 마친 터라 동요될 거란 소수의 의견과는 다른 결과였다. 피겨 전설이라 불리는 카타리나 비트, 미국의 피겨스타 미셸 콴, 사샤 코언과 외신들은 김연아를 강력한 우승후보로 꼽으며 극찬한다. 이어서 26일 진행된 프리 스케이팅에서도 실수 없이 완벽한 연기를 펼쳐 무려 기술 점수 78.30점, 예술점수 71.76점 합계 150.06점을 기록하며 경이로운 총점 228.56점으로 세계 최고 기록을 수립하며 압도적인 점수차로 우승했다. 이 올림픽 경기로 김연아는 본인이 기존에 보유한 세계최고기록(쇼트, 프리, 총점)을 3개 모두 갱신하였을 뿐만 아니라, 쇼트 기술점수와 프리 기술점수와 예술점수까지 세계최고기록으로 남게 되었다. 역사상 세계 최고 기록으로 2010 밴쿠버 올림픽 피겨스케이팅 부문 금메달을 획득한 김연아는 대한민국 피겨스케이팅 사상 최초의 올림픽 메달리스트이자 아시아인으로는 두 번째 금메달리스트가 되었다. 김연아는 '전설'로 불리는 여러 선수들처럼 피겨 역사에 인상 깊은 족적을 남겼다는 평가를 받는다.

1992년 올림픽 여자싱글 금메달리스트 크리스티 야마구치는 "그래요, 그리고 그녀는 모든 면에서 완벽하다고 말할 수 있어요. 보셨으면 알겠지만 얼음 위에서의 스피드와 점프들이 정말 견고했고요, 그녀의 전반적인 스케이팅과 얼음을 빛나게 하는 그녀만의 능력은 정말이지 특별한 거예요. 그런데 그녀는 그 점수를 받기도 전에 눈물을 보였죠. 그녀 스스로도 말했듯 본인답지 않게 말이에요. 그리고 항상 태연하고 경기 내내 침착한 모습만을 보다가 감정을 바깥으로 드러낸 걸 봤다는 것은 그것이 정말 역사적인 순간이었기 때문인 것 같아요. 한국에서 나오는 피겨부분 첫 메달이었는데 그게 금메달이었던 거죠. 그녀는 정말 대단한 일을 한 거예요. 엄청 많은 고비를 이겨낸 거거든요"라고 평했다.

또한 카타리나 비트는 "스케이팅에도 격이 있고 질이 있어요. 연아의 스케이팅이 특별한건 순수함 때문에, 불순물이 하나도 섞이지 않은 진짜배기라는 느낌 때문이에요. 음악적이고, 때로는 드라마를 전달하는 힘이 강해서 보는 사람을 뒤흔들어 놓죠. 무엇보다 모든 기술이 믿어지지 않을 만큼 정확해요. 그렇게 점프를 뛰는 건 얼마나 많은 연습을 했는지를 보여주는 증거에요. 그래요. 재능도 절대 무시할 수 없는 거예요. 그런데 그렇게 물 흐르듯, 자연스럽게 기술 하나 하나를 해내려면 참 많은 연습을 해야 해요. 몸에 기술이 완전히 익숙해져서 나와 스케이팅이 하나가 되는 수준이어야 하거든요."라며 김연아를 칭찬했다.

올림픽 후 미셸 콴은 "지금까지 동계올림픽 쇼트 프로그램에서 트리플 러츠-트리플 토룹 콤비네이션 점프를 해 낸 선수는 없었다고 생각한다. 그런데 김연아는 그런 기술을 매우 훌륭하게 소화했다. 김연아는 심판들이 기대한 수준에 잘 맞게 점프와 회전 연기 등을 펼쳤다. 나도 트리플 러츠와 트리플 토루프를 뛰어봤지만 올림픽 수준으로는 해내지는 못했다."라고 했고, 도로시 해밀은 "김연아는 모든걸 갖췄다. 솟구쳐 오르는 점프는 언제나 일정한 높이를 유지한다. 첫번째 점프가 높고 이어지는 게 낮은 들쭉날쭉의 점프가 아니다. 안무도 원숙하고 음악성도 뛰어나다. 모든 것이 아름답고 역동적이면서도 과도함이 없다. 그녀의 연기를 보노라면 도무지 아쉬운 게 없다"라고 김연아의 역량을 평가했다.

국내 피겨 선수가 약 100명도 채 되지 않고 피겨 선수 전용 링크도 없는 척박한 환경인 한국에서 연습하고 아파하며 끊임없는 노력으로 재능을 키워왔던 김연아의 아픔이 세계에 극찬을 받는 순간이었다. 돈이 없어 코치 없이 홀로 비행기를 타고 경기장에 가고, 허리부상을 입고도 13시간을 이코노미 석에 앉아서 악화된 허리부상에 시달리며, 등에 테이프를 감고 진통제를 맞고 금메달을 따고 여분의 부츠도 없어 투명 테이프로 감싼 스케이트를 신고 경기를 하고 우승 후에 갈라복이 없어 똑같은 옷을 입고 갈라쇼에 서야 했던 그녀의 노력의 결실은 올림픽, 그랑프리 파이널, 스케이트 아메리카에서 모두 1위를 하며 진정한 챔피언으로 돌아왔다.

올림픽 경기 후 김연아의 재능과 역량에 경의를 표한 매체나 인물로는 러시아의 피겨선수 예브게니 플루센코, 스페인 해설, 시카고 트리뷴, 밴쿠버 썬, IOC회장 자크 로게, 프랑스 '레퀴프', 스위스 매체, 뉴욕타임스, 월스트릿 저널, SI.com, 엘레나 차이코브스카야 등 국내 언론 뿐만 아니라 유럽, 미국 언론과 피겨계의 저명한 인사들도 동양인 선수의 우승에 열광했다. 국내 언론에서는 김연아 선수 경기 전에 미리 금메달 축하 기사를 작성해두었다는 우스갯소리도 나올 정도였다.

김연아는 2006-2007 시즌 이후 자신이 세운 세계신기록을 홀로 계속해서 경신중이다.

한 달 후에 개최된 세계선수권에서는 동계올림픽이 끝난 후의 부담감과 정신적인 피로에 의해 쇼트에서 7위를 기록했으나, 다음날 이어진 프리스케이팅에서는 1위를 기록하며 은메달을 획득하였다.

이후 김연아는 미국인 페어선수출신이자 미셸 콴의 형부이기도 한 피터 오피가드를 새 코치로 결정했다. 하지만 2010-2011 그랑프리 시즌 스킵을 발표하고, 대신 2011년 일본 도쿄에서 열리는 세계선수권대회에만 참가하기로 발표했다.

• 시니어 시즌(2009-2010 시즌의 성과)

3회전+3회전 연속 점프에서 세계 최초로 가산점 2.20점을 받았다.

세계최고기록인 쇼트점수(78.50점)와 프리점수(150.06점)와 총점(228.56점)을 기록하였다.

쇼트와 프리에서 세계에서 가장 높은 기술점수와 예술점수를 기록하였다.(쇼트의 기술점수: 44.70점/ 프리의 기술점수와 예술점수: 78.30점, 71.76점)

신채점제 도입이후 피겨 여자부문에서, PCS 점수에서 9점대 이상을 기록한 최초이자 유일한 선수이다. (스케이팅 기술: 9.05, 전환/연결 풋워크: 8.60, 연기/수행: 9.15, 안무/구성: 8.95, 해석: 9.10) (2010년 동계올림픽 프리스케이팅)

• 시니어 시즌(2010-2011 시즌)

김연아가 은퇴를 고민하다가 출전을 결정했기 때문에 연습시간이 부족해서 ISU 피겨스케이팅 세계선수권에만 출전하기로 결정한다. 당초, 결별했던 브라이언 오서 코치가 프리곡이 아리랑인 것을 폭로했기 때문에 쇼트프로그램에 대한 호기심도 커져만 갔다. 세계선수권 몇 달 전, 쇼트 프로그램곡이 지젤, 프리스케이트곡은 오서가 말한 대로 오마주 투 코리아, 즉 아리랑을 포함한 한국 전통음악을 각색한 곡으로 공개되었다. 세계선수권 몇 일 전 모스크바로 들어온 김연아는 연습이 매우 깔끔했다. 실수라곤 찾아볼 수 없었다. 문제는 경기에서 발생했다. 트리플 러츠+트리플 토룹 컴비네이션 점프에서 트리플 러츠 수행 후 랜딩이 불안정하면서 토룹으로 연결하지 못했다. 하지만 이어지는 트리플 플립에서 기재를 발휘해 트리플 플립+더블 토룹 연결 점프로 소화해냈다. 이후 더블악셀 역시 깨끗하게 성공하며 안도 미키에게 0.33점 앞서 65.91로 쇼트를 마감하였다. 프리에서는 트리플 살코+더블 토룹에서 트리플 살코 랜딩 후 약간 흔들리면서 더블 토를 싱글로 연결시켰다. 다음 점프인 플립 역시 싱글로 처리했지만 그 외 연기와 점프는 모두 완벽했다. 특히 아리랑이 나오는 클레오 스파이럴 부분에서 박수를 받으며 경기를 끝마쳤다. 프리에서는 128.59점을 받고 총합 194.50을 얻었으나 안도 미키에 불과 1.29점차로 밀려 은메달을 땄다.

■ 아이스쇼 출연

- 2009 페스타 온 아이스에 출연한 김연아2011년 8월 올댓 스케이트 서머 (All that Skate Summer) – (대한민국, 삼성 갤럭시, 하우젠 제공)
- 2011년 5월 올댓 스케이트 스프링 (All that Skate Spring) – (대한민국, KCC 스위첸 제공)
- 2010년 10월 올댓 스케이트 로스 앤젤레스 (All that Skate Los Angeles) – (미국, 대한항공 제공)
- 2010년 7월 올댓 스케이트 서머 (All that Skate Summer) – (대한민국, 삼성 하우젠 제공)
- 2010년 4월 페스타 온 아이스 (Festa On Ice) – (대한민국, KCC 스위첸 제공)
- 2009년 8월 아이스 올 스타즈 (Ice All Stars) – (대한민국, 삼성 애니콜 & 하우젠 제공)
- 2009년 4월 페스타 온 아이스 (Festa On Ice) – (대한민국, KCC 스위첸 제공)
- 2008년 12월 엔젤스 온 아이스 (Angels On Ice) – (대한민국, 국민은행 제공)
- 2008년 4월 페스타 온 아이스 (Festa On Ice) – (대한민국, KCC 스위첸 제공)
- 2007년 7월 드림 온 아이스 (Dream On Ice) – (일본)
- 2007년 7월 제 18회 마리포사 자선 갈라쇼 (18th Mariposa Skating

Charity Gala) - (캐나다)

- 2006년 9월 수퍼 스타즈 온 아이스 (Super Stars On Ice) - (대한민국, 현대카드 제공)

■ 스케이팅 기술

- 점프

10세에 첫 3회전 점프를 성공했으며, 12세 때는 3회전 5종류의 점프를 프로그램에 넣어 성공했다.

국제빙상연맹(ISU) 피겨스케이팅 기술세미나에서 교본으로 사용할 정도로 5가지의 트리플 점프를 교과서적으로 정확하게 구사한다.

14세 때 ISU 국제공식경기에서 3회전+3회전 점프를 성공하였다.

3종류의 3회전+3회전 점프를 뛸 수 있다.(3회전 토룹+3회전 토룹, 3회전 러츠+3회전 토룹, 3회전 플립+3회전 토룹)

3회전+3회전 연속 점프는 높은 성공률과 정확성으로 현재까지 모든 여자싱글 선수들 중 가장 높은 가산점을 받고 있다.(06-07시즌 100% 성공, 07-08시즌 80% 성공, 08-09시즌 100%성공)

부상 때문에 2006-2007시즌에는 넣지 않았던 3회전 룹 점프를 2007-2008시즌의 점프구성에 넣어, 시니어 데뷔 후 완벽한 5종류의 3회전 점프를 선보였다. 특히 모든 3회전 점프를 성공한 러시아 대회에서는 세계신기록을 세우기도 하였다. 김연아는 5종류의 3회전 점프 중에서 가장 늦게 배운 3회전 룹에 취약하다는 지적이 있기도 하지만, 룹점프가 필수요소로 지정되었던 주니어 시절의 04-05시즌에도 꾸준하게 성공하였다. 또한 룹 점프가 필수요소에서 빠졌던 05-06 시즌에도 3회전 룹을 프로그램에 넣어, 3회전 5종류의 점프를 성공적으로 수행해냈다.

2008-2009시즌, 본래 인사이드로 뛰어야 하는 플립을 아웃사이드로 뛰어 표시되는 롱엣지(e)판정을 받은 바 있고, 2008-2009시즌

마지막 공식경기였던 2009세계선수권까지 플립 점프에 어텐션 마크가 있었지만 2009-2010 올림픽 시즌에서는 다시 올바른 플립으로 인정받고 있다.

- **저자의 주서**: 김연아는 유명선수 누구(아사다 마오 등)처럼 되고 싶었고, 돈과 명예를 함께 원하지 않았을까, 그래서 많은 어려움을 즐겁게 일맥(스케이팅, 무용 등)에 뛰어난 재능을 보였지 않았을까?

사례 2

(박태환, 수영 선수)

그는 5살 때 의사의 추천으로 천식을 치료하기 위해 수영을 처음 시작했다. 대청중학교 3학년 때인 2004년 대한민국 선수단 중 최연소 국가 대표로 주목을 받으며 아테네 올림픽에 참가했으나 자유형 400m 예선에서 긴장으로 인한 부정출발로 실격 당했다.

2005년 한 해 동안 무려 여섯 개의 대한민국 신기록을 세우며 '신동' 소리를 들었다. 2005년 11월, 마카오 동아시아 경기 대회에서 자유형 400m에서 3분 48초 71로 대한민국 신기록을 세우며 금메달을, 자유형 1500m에서 15분 00초 32로 아시아 신기록을 세우며 은메달을 땄다. 1500m는 이때가 생애 첫 출전이었다.

2006년 카타르 도하에서 열린 제15회 아시안 게임에서 금메달 3개, 은메달 1개, 동메달 3개를 획득하는 기염을 토하며 아시안게임 최우수 선수로 선정되었다. 이후 그는 태릉선수촌을 나와 개인 훈련에 돌입했고, 이 과정에서 코치 교체 등 잡음에 시달리기도 했다.

2007년 1월부터는 괌과 세계선수권 대회가 열리는 오스트레일리아 멜버른에서 2개월 여 동안 전지훈련을 실시했다. 그리고 2007년 3월 25일에 열린 세계선수권 대회 자유형 400m 경기에서 예선 2위의 성적으로 결승에 진출했다.

결승전에서 그는 350m 지점까지 4위를 달리다가 마지막 50m에서 역영을 펼쳐, 3분 44초 30으로 2·3위를 기록한 튀니지의 오우사마 멜로리와 오스트레일리아의 그랜트 해켓을 제치고 금메달을 획득했다.

이 기록은 자신이 갖고 있던 대한민국 기록이자 아시아 기록을 1초 42 앞당긴 것이다. 2007년 8월 21일에는 프레 올림픽 대회인 2007 일본 국제 수영대회 400m 자유형에서 3분 44초 77의 기록으로 금메달을 획득했다.

박태환은 2008년 단국대학교 사범대학 체육교육과에 정시으로 입학하여 현재 경기도 용인시 죽전캠퍼스에 재학 중이다. 그동안 단국대뿐만 아니라 서울대·연세대·고려대·한체대 등 대학들로부터 입학제의가 들어왔다. 박태환과 가족의 결정은 간판보다 장래 진로에 대한 확실한 보장을 더욱 고려했던 것으로 알려졌다. 본인도 이번 결정에 "만족하고 있다"고 밝혔다. 박태환의 꿈은 현역 선수생활을 마친 뒤 대학교수가 되는 것이다.

2008년 1월부터는 12월 까지 배우 겸 가수 윤은혜와 함께 의류 제조 업체 베이직하우스의 제6대 광고 모델로 활동하였다. 또한 김연아와 함께 출연했던 다이내믹 코리아 홍보대사와 KB국민은행 광고를 시작으로 SK텔레콤 휴대폰 광고, '2009 코리아매치컵 세계요트대회'의 홍보대사와 우유소비홍보대사로 활동하였고, 2010년에는 서울교육청이 추진하는 '서울 학생 7560+ 운동'의 저변 확대를 위해 그룹 소녀시대의 서현과 홍보대사로 선정되기도 했다.

한편 2008년 베이징올림픽에서 한국 수영 사상 첫 금메달에 은메달까지 추가하며 한국 최고의 스타로 떠오른 박태환이 중국으로 출국하기 전부터 광고모델 요청을 20건 넘게 받은 것으로 밝혀졌다.

2008년 8월 10일에는 베이징의 2008년 하계 올림픽에서 아시아 최초로 수영 400m 자유형에서 3분 41초 86의 기록으로 그랜트 해켓, 장린 등을 꺾고 금메달을 획득하였다. 이어 8월 12일에 벌어진 수영 200m 자유형 종목에서 1분 44초 85의 기록으로 마이클 펠프스에 이어 은메달을 차지했다.

올림픽 이후 심적 부담감 등의 이유로 심각한 부진에 빠진 박태환은 2009년 세계선수권 대회에서 자유형 200m, 400m, 1500m 전 종목 예선탈락이라는 부진에 빠지게 된다. 전신수영복에 대해 적응을 못하던 그는 2010년 1월 1일 부터 전신수영복 금지 규정이 생기면서 다시 한 번 재기의 기회를 노렸다. 2010년 4월부터 80일간 호주 전지 훈련에 매달린 그는 1500m를 집중적으로 훈련하고 지구력 위주로 훈련을 하게 된다.

2010년 8월 19일 2010 팬퍼시픽 수영 선수권 대회에서 200m 은메달을 손에 거머쥐며 부활의 신호탄을 올렸다. 하지만 하루에 두 경기를 소화한 박태환은 주 종목인 1500m에서는 8위라는 부진한 성적을 내게 된다. 그러나 2010년 8월 21일에 열린 남자 자유형 400m에서 중국의 장린을 따돌리고 전 대회에 이어 2연패를 하게 된다.

한편 박태환은 2005년 울산 전국체전, 2007년 광주, 2008년 전라남도 전국체육대회에서 MVP를 수상하였으며 그동안 2005년 전국체전 4관왕, 2006년~2008년 연속 5관왕에 올랐다. 또한 2004년 아테네 올림픽 수영 국가대표, 2006년 도하 아시안게임 수영 국가대표, 2008년 제29회 베이징 올림픽 수영 국가대표로 뽑혔다.

2010년 11월 14일 중국 광저우에서 열린 제16회 아시안 게임 남자 200m 자유형에서 자신이 가지고 있던 아시아 최고 기록을 0.05초 앞당기면서 금메달을 땄다. 남자 400m 자유형, 남자 100m 자유형에서도 나서 금메달을 획득하였다. 이로써 전 대회(2006년 도하)에 이은 2대회 연속 3관왕이라는 대기록을 쌓게 되면서 한국 수영사의 최고의 대기록을 수립하게 된다. 이에 대해서 도핑검사를 여느 선수보다 많이 받았다.

토의 1: 김연아를 근거로 그녀의 일맥(직장의 재능, 기술/지식, 그녀의 개성)은 어떤 것일까?

토의 2: 박태환을 근거로 그의 일맥(직장의 재능, 기술/지식, 그녀의 개성)은 어떤 것일까?

(3) 일맥 인간관계의 중요성

- 호손 효과(Hawthorne effect)[2]: 노동자의 생산성에서 자연적인 환경의 변화가 아니라 인간관계가 더 중요하다.
  - 일맥에서도 호손 효과가 매우 중요하다고 본다.

---

2) 조직관리론에 관련된 내용입니다. 조직관리론의 발달과정과도 관련이 있는데 엘튼 메이요(미국 하버드대 교수로 사회요소 및 산업관계 분야에서 활동)라는 사람이 여러 가지 작업조건으로 작업집단의 태도와 반응을 조사하기 위해 1924년부터 1932년까지 미국 일리노이 주에 있는 시카고 교외의 웨스턴 일렉트릭 회사소속 호손공장에서 실험을 한 것에서 유래되었다.

사례 1

김연아와 아사다 마오(경쟁 선수), 브라이언 오서(코치), 어머니 등

- 대학생활에서의 인간관계(수업, 전공교수와의 상담, 동아리 등)를 통해서 일맥의 방향과 자기 자신의 재능을 일치시켜야한다.

토의 1: 인재학습에서 만든 전공설계와 자기 자신의 재능을 일치시키기 위해 어떻게 해야 하는지 알아보자.

- 어떤 일맥의 흐름에 속하는 집단은 응집력이 높은 집단이며, 이 집단에 대한 높은 자존심, 집단 구성원간의 우정의 돈독함, 그리고 집단의 규범에 대한 강한 집착력 등을 보여줄 수 있다.

사례 1

가수 집단(노래), 연예인 집단(예능), 출판업 집단(편집), 야구인들의 집단(야구), 만화인들의 집단(만화), 여자 프로골퍼인들의 집단(골퍼) 등

토의 2: 자기 자신의 전공설계를 근거로 일맥의 흐름에 속하는 집단에 대해 알아보자.

(4) 일맥 선택의 시기

- 우연한 기회에 아무 생각없이 일맥을 결정해버린다.
- 일맥이란 자기 자신의 평생 일거리를 제공해 줄 수 있는 밑바탕이므로 전공설계를 통해서 체계적인(대학 4년 동안) 일맥을 찾아야 한다.
- 본 저자는 진즈버그(Ginzberg, 1972)의 직업선택에 관한 이론을 근거로 이론을 전개하였다.
  - **일맥 환상시기**(fantasty period): 11세까지 계속되는데 자신의 능력이나 탁월성, 훈련과 그 일맥을 가질 가능성 여부에 의하여 일맥을 생각하기 보다는 자신의 흥미 및 관심에 의하여 일맥을 생각하는 시기이다.
  - **일맥 시험시기**(tentative period): 11세에서 18세까지를 일맥 시험시기라고 보고 일맥에 대한 현실적인 측면을 고려해서 생각하게 되는 시기이다. 이 시기가 되면 어느 정도 일에 대한 형태를 알게 되고 자신이 갖고 있는 능력, 가치, 목표 등이 그 일맥의 흐름 속에서 얼마나 잘 하는지를 고려하게 된다. 우리나라의 경우 자기주도적 학습이 매우 위축된 사회적 환경으로 인해 대학에서 이루어지는 경우가 대부분이다.

- **현실적 일맥시기**(realistic period): 고등학교를 졸업하는 19세 이후에는 현실적인 일맥시기가 온다. 이시기인 대학 1학년에서 전공설계를 통해 일맥 찾기 위한 구체적이고 체계적인 설계를 계획해야 한다. 일맥을 찾고 습득하게 되면 자기 자신의 재능이 직업을 따라 선택하는 것이 아니라 일거리 중심으로 선택 된다. 따라서 언제나 자신이 일할 수 있는 기술이나 지식을 갖고 즐겁게 일할 수 있는 재능이 있어서, 직업의 선택과 전환에 매우 큰 장점이 있다.

(5) 일맥 선택의 요인

■ 부모의 기대

- 하나의 중요한 요인은 학생들의 일맥 강점에 대한 부모들의 믿음이다.
- 부모들의 일맥에 대한 위상과 태도 역시 중요한 요인이다.
- 부모가 일맥에 대한 높은 위상과 긍정적인 태도를 가질 때 학생들도 마찬가지이다.

■ 친구의 영향

- 친구들 또한 일맥을 선택하는데 많은 영향을 미친다.
- 친구들의 높은 일맥에 대한 습득 목표에 영향을 받는다.
- 친구들이 어떤 일맥에 대해 부정적이면 그 일맥에 대해 낮은 관심을 보인다.

■ 개인의 성격

- 일맥과 직장의 선정에는 개인의 성격이 큰 작용을 한다.
- 자기 자신의 능력, 흥미, 그 일을 할 수 있는 기회의 여부 등을 고려하여 매우 현실적으로 일맥을 결정한다.

(6) 일맥 선택의 자세

■ 일맥의 선택은 우리가 살아가는데 필수적인 요소이기는 하지만 우리가 어쩔 수 없이 직면해야할 도전이다.

- 성급한 결정을 하지 말자.
  - 어떤 일맥을 선택할 것인가가 명확하지 않을 경우 또 다른 대안을 찾기 위한 시간을 가져야한다.
  - 일맥 선택이란 일생의 단 한번 만에 이루어지는 것이 아니라 여러 번의 고비를 거쳐 결정될 수 있다.
- 체계적이고 과학적인 정보를 조사하자.
  - 각종 인터넷 사이트, 도서관이나 대학의 상담소, 캠퍼스 교수 및 전문가들 등에서는 학생들을 위한 많은 정보들을 갖고 있다.
  - 자기 자신의 재능의 발견을 위한 노력과 이와 일치하는 일맥의 찾기 위한 노력을 체계적이고 과학적인 정보를 통해 검토하여야 한다.
- 자기 자신을 알자.
  - 자기 자신의 재능, 기술/지식, 개성(적성, 흥미, 가치관 등)의 측면에서 강점을 평가하자.

사 례

중고교 시절에 생물학에 대해 관심이 없었다면 그 학생은 환자를 취급하기를 좋아하고 많은 수입을 얻을 수 있다 하더라도 의료행위(일맥, 직업은 의사)를 포기해야 한다. 대신에 자기 자신에게 맞는 일맥을 선택해야 한다.

- 잘못 선택시 실수를 성공의 계기로 삼자.
  - 일맥 선택이 잘못되었을 경우 그 결정을 바꿀 수 있다는 생각을 가져야 한다.
  - 많은 사람들이 일맥을 새롭게 바꾸고(새로운 기술을 배워 새로운 삶을 사는 경우) 심지어는 중년이나 그 이후에 바꾸는 사람도 있다.

사 례

건국대 영문학전공의 류○○ 교수의 경우 정년을 5년 앞두고 명예퇴직 후 신앙 지도(일맥, 직업은 개척교회 목사)로 새로운 인생을 살아가고 있다.

(7) 일맥의 만족도

■ 일맥에 얼마나 만족하는가? 어떤 일맥에 대해 만족도가 높을수록 일맥이 주는 불행, 좌절, 분노는 자기 자신의 재능을 극대화하여 일맥의 질적 수준을 높이고 행복하게 극복할 수 있는 기회를 준다.

- 일맥 만족도의 요인
  - 보수와 승진기회: 일맥이 보수나 승진기회에 크게 영향을 줄 경우 일맥의 만족도에 크게 영향을 미친다.
  - 목표설정에 참여여부: 생산성의 양과 수단 양면의 결정에 직장에서 주어진 목표를 달성하는데 일맥이 영향을 줄 경우 만족도가 높아진다.

- 일맥의 명료성: 자기 자신이 해야 할 일맥의 명확할 때 만족도가 높다. 이는 일맥의 명료성 때문에 충분한 예측이 가능하고 이를 통해 일맥에 대한 만족도가 높아진다.
- 직장 고용주의 기대: 노동자가 고용주와 일맥의 역할에 대한 갈등이 높을 경우 만족도가 낮아진다. 즉, 노동자의 일맥과 고용주가 요구하는 일맥 사이에 의견 차이나 혹은 기대가 다를 경우 노동자는 자신의 일맥에 대한 만족도가 낮아진다.
- 개인의 역할 갈등: 개인의 직장에서 일맥에 대한 역할과 일맥 이외에서의 역할 사이에 생겨나는 갈등이 있다.

사 례

직장을 갖고 있는 어머니(직장에서의 일맥과 가정에서의 할 일 사이에서의 열할 때문에 생기는 고충)의 역할 갈등

- 일거리의 내용: 직장 내에서 일거리의 내용이 일맥과 일치하는지 그렇지 일치하지 않은지가 일맥의 만족도에 중요한 영향을 미친다.

– 일맥 만족도와 성취도

- 만족도가 높은 노동자가 우수한 노동자일까? 상식적으로 판단할 때 옳은 것 같고 실제로 어떤 경우에 사실이기도 하다.
- 일맥에 대한 만족도가 높다고 해서 반드시 성취도가 높은 것은 아니다.

- 노동자들의 생산성은 만족도에 의해서가 아니라 높은 성취도로 인한 승진, 보수인상과 같은 요인에 더 많은 영향을 받는다: 따라서 전공설계를 통해 일맥의 만족도와 성취도를 동시에 높일 수 있도록 만들어야 한다. 그러면 행복한 직장생활과 안정된 보수와 승진이 주어질 수 있다.

– 일맥 만족도를 높이는 방법

- 현명하게 자신의 일맥을 선택해야 한다: 대학생활 4년간을 자신의 재능과 일치하는 일맥을 찾고 자신의 강점을 습득할 수 있도록 전공설계를 해야 한다.
- 자신의 재능에 맞추기 위해 일맥을 재구성하라.
- 일맥에 맞추기 위해 자신을 변화시켜라: 자기 자신의 재능과 완전히 일치하는 일맥을 찾을 수 없고 완전히 만족할 수 있는 일맥도 없다.
- 만약 자신이 생각하고 있는 일맥에 대해 대체로 긍정적이고 싫어하는 어떤 특정한 부분을 변화시키기(전공설계III 참조)가 불가능하다면 부정적인 측면에 대한 생각을 바꾸는 것(진로 사고 참조)이 합리적일 것이다: 나의 성장 멘토리뷰를 통해 개선해 가야할 것이다.

토의 1: 전공설계 I에서 일맥과 자기 자신의 재능을 일치시키기 위해 들어야할 교과목은 무엇일까?

토의 2: 전공설계 III에서 일맥과 자기 자신의 재능을 일치시키기 위해 해야 할 일은 무엇일까?

3.1.2 암시된 일맥과 경력을 위해 나는 어떻게 공부를 해야 하는가?

- 자기 자신의 일맥과 경력을 습득할 동기3)가 있어야한다.
- 동기는 사람이 가지고 있는 욕구에 근간을 두고 있다.
- 동기는 욕구(자기 자신의 일맥에 대한 강한 실천 의지)와 행동(전공설계를 통한 자신의 재능과 일맥을 찾고자하는 습득 행위)을 연결시키는 매개변인이다.
- 동기유발4)이 되도록 공부하자.

(1) 동기의 내용이론(Maslow의 욕구계층이론을 중심으로)

- 동기이론이다.
- 욕구계층이론(Maslow, 1970): 인간의 욕구는 그 중요도에 따라 낮은 수준의 욕구에서 높은 수준의 욕구로 일련의 계층을 구성한다.

---

3) 동기란 용어는 사람으로 하여금 어떤 행동을 일으키게 하는 내적 요인 또는 마음의 상태를 의미한다.

4) 동기유발이란 사람으로 하여금 어떤 행동을 일으키게 하는 내적 요인 또는 마음의 상태로 되거나 또는 가져오게 하는 것을 의미한다.

■ 기본적 전제: ① 인간은 무엇인가를 필요로 하는 결핍의 존재로서 충족되지 않은 욕구만이 행동을 일으킨다. ② 인간의 욕구는 충족되어야 할 순서대로 계층화되어 있어, 하위 욕구가 충족되면 다음 단계의 욕구를 충족시키기 위해 동기화 된다는 것이다.

■ Maslow의 욕구계층이론의 모형

수준 5: 자아실현의 욕구	• 하고 싶은 일, 할 수 있는 일, 해야만 하는 일을 하고자 하는 욕구 • 자신에게 적합한 일을 하고자 하는 욕구 • 자기성취감, 도전감, 새로운 기술이나 지식 등에 관한 욕구
수준 4: 존경의 욕구	• 다른 사람과 자신에게 존경을 받고 싶어하는 욕구 • 독립감, 자유, 자신감, 성취에 관한 욕구 • 인정받고, 존경받고, 명성 등을 얻고 싶어 하는 욕구
수준 3: 소속과 애정의 욕구	• 애정을 받고 싶어 하는 욕구 • 좋은 사람과 친하고 싶어 하는 욕구 • 소속하고 싶어 하는 욕구 • 사랑, 친교, 소속감, 사회적 상호작용 등에 관한 욕구
수준 2: 안전의 욕구	• 위협, 공포, 위험으로부터 자유롭고 싶어하는 욕구 • 신체적 안전, 직업적, 안전·안정, 재정적 안전, 심리적 안전에 관한 욕구
수준 1: 생리적 욕구	• 생존에 관한 욕구 • 음식, 물, 공기, 수면, 성, 안락, 숙소에 관한 욕구

자료 : Hoy & Miskel(2003 : 128쪽)

〈그림 3-1〉 Maslow의 욕구계층이론

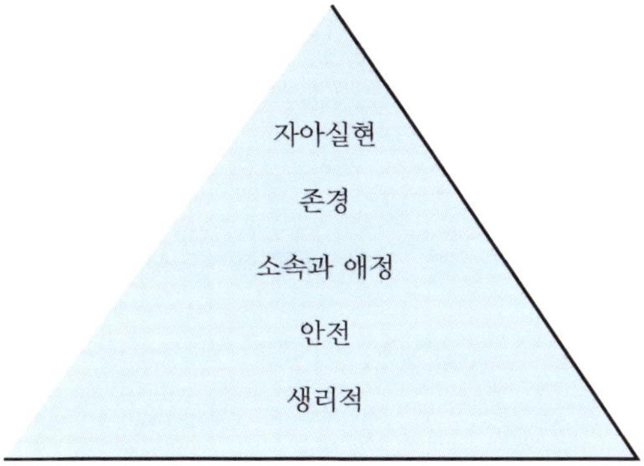

〈그림 3-2〉 생활수준이 낮은 사람의 욕구 구조

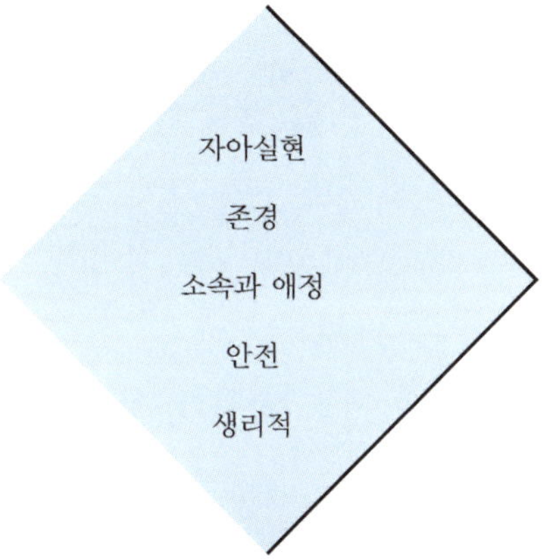

〈그림 3-3〉 현대 미국 사람의 일반적 욕구 구조

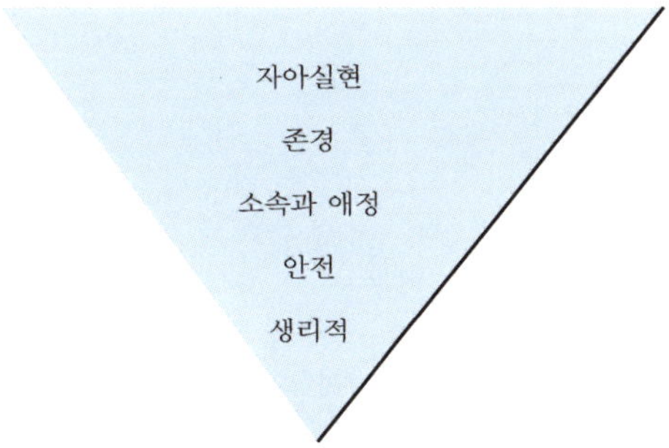

〈그림 3-4〉 생활수준과 교육수준이 높은 사람의 욕구 구조

- 허시와 블랜차드(Hersey & Blanchard, 1977)는 생활수준이 낮은 사람과 높은 사람들의 욕구 구조가 다르다는 것을 아래와 같이 보여준다.

(2) 동기의 과정이론(Vroom의 기대이론을 중심으로)

- 브롬(Vroom, 1964)[5]이 제시한 기대이론은 동기를 사람 안에 있는 힘 또는 충동으로 보았다: 이 힘은 두 가지 요인, 즉 기대와 수단성에 따라 변화한다고 한다. 즉 동기를 어떤 행동이 특정한 결과를 가져올 것이라는 기대와 그 결과가 가치 있는 다른 결과와 관련된 수단성(instrumentality)과 결합으로 개념화하였다.
- 동기의 과정이론은 전공설계를 만들어 가는데 필요한 힘(force)[6], 유인가(valence)[7], 기대(expectancy)[8], 결과(outcome)[9], 수단성(instrumentality)[10], 행위(action)[11]을 최적화하는데 근거를 제공해 준다.
- 어떤 방식으로 행동을 하려는 동기는 개인이 다음과 같은 사실을 믿을 때 가장 크다.
  ① 나는 바라는 수준까지 수행할 능력을 가지고 있다-높은 기대감
  ② 내가 하는 행동은 예상한 결과와 보상을 가져올 것이다-높은 수단성.

5) Work and Motivation, John Wiley, 1964.
6) 힘은 행위하게 하는 동기화와 같은 의미이다.
7) 어떤 대상에 대한 개인의 정의적 지향성, 감정 혹은 태도로서, 개인이 어떤 대상에 대해 지각하는 매력의 정도 혹은 배척의 정도를 의미한다.
8) 어떤 행위가 어떤 결과를 초래할 것이라는 가능성에 대해 일시적 믿음이다.
9) 행위에 대한 지각된 성과 혹은 다른 성과에 대한 지각된 성과이다.
10) 다른 결과의 달성이나 회피에 직접적 결과가 가지는 기대된 효용성 혹은 유용성이다.
11) 무엇인가를 하는, 나타난 행동이다.

③ 이러한 결과들은 나에게 긍정적 가치를 가지고 있다-높은 유인가.

- 어떤 행동을 하기 전에 다음 세 가지 질문을 생각하게 된다.
  ① 기대 질문-내가 열심히 하면 이 과업을 수행할 수 있을 까?
  ② 수단성 질문-내가 바라는 수준까지 이 과업을 수행할 수 있을까?
  ③ 유인가 질문-나는 이 결과를 얼마나 좋아하는가?

(3) 동기의 목표설정이론(Locke의 목표설정이론을 중심으로):

- 목표는 개인이 달성하고자 추구하는 미래의 상태를 의미한다.
- 목표설정이론(Edwin Z. Locke, 1968; Locke & Latham, 1984): 목표를 달성하려는 강한 의욕이 작업행위에 일반적으로 동기를 유발하는 힘이라는 것이다.
- 성공적 목표는 다음 네 가지 조건을 충족한다(Locke & Latham, 1990).
  ① 목표는 구체적이어야 한다.
  ② 목표는 도전적인 것이어야 한다.
  ③ 목표는 달성 가능한 것이어야 한다.
  ④ 목표는 개인에게 수용적이어야 한다.
- 목표가 행동을 유발하는 메커니즘은 다음과 같은 네 가지가 있다.
  ① 목표는 개인의 과제에 대한 주의력을 집중시킨다.
  ② 목표는 개인의 활동에 대한 노력을 증가시킨다.
  ③ 목표는 개인의 활동에 있어서 지속성을 증가시킨다.
  ④ 목표는 구체적 과업 수행 전략을 개발하는데 도움을 준다.
- 목표설정이론으로부터 세 가지 일반화가 도출된다.
  첫째, 어려운 목표라 할지라도 그것이 수용되기만 하면 쉬운 목표보다 더 높은 수준의 과업 수행을 가져온다.

둘째, 구체적 목표는 “최선을 다하라”와 같은 막연한 목표나 혹은 목표가 없는 것보다 더 높은 수준의 과업 수행을 가져온다.

셋째, 목표는 세 가지 방식으로 설정될 수 있다. 즉, ① 개인이 자신의 목표를 스스로 설정하는 경우, ② 공동으로 목표를 설정하는 경우, ③ 다른 사람이 목표를 설정하여 주는 경우 등 세 가지 방식이다.

- 효과적 동기유발에 있어서 중요한 것은 목표의 설정 방식이 어떠한가에 상관없이, 그 목표가 개인에 의하여 수용 되는가 아닌가의 여부이다.
- 사람들은 일반적으로 목표들이 현실적이고, 적당히 어려우며, 의미가 있을 때 보다 잘 수용한다.

－목표설정이론 모델

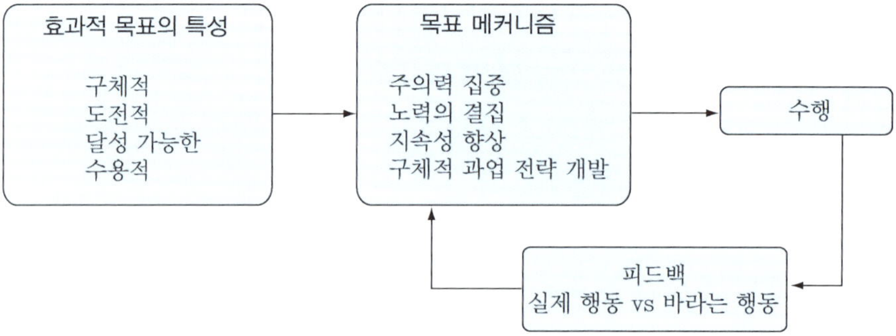

자료 : Hoy & Miskel(2003 : 139쪽)

〈그림 3-5〉 목표설정이론의 모델

토의 1: 전공설계에서 목표설정이론의 모델을 어떻게 활용할 수 있는지 알아보자.

토의 2: 전공설계에서 동기의 과정이론을 활용하여 구체적 과업수행을 위해서 해야 할 일은 알아보자.

3.2 직업선택을 위한 나의 성장 멘토리뷰 활용 방법

◆ 전공설계의 핵심에는 자기 자신의 재능과 동기유발을 연계해주는 나의 성장 멘토리뷰가 있다.

◆ 나의 성장 멘토리뷰의 핵심에는 의사소통이 있다.

3.2.1 나의 성장 멘토리뷰를 잘 하기 위한 의사소통

◆ 전공설계의 비전은 자기 자신의 재능을 발견하고 습득할 수 있도록 도와주는 로드맵이다.

◆ 나의 성장 멘토리뷰의 핵심적 기초 기술은 의사소통이다.

(1) 의사소통(Communication)의 개념

- 본래의 의미: 둘 이상의 사람 사이에 서로 '공통성'[12]을 만들어 내는 과정이다.
- 의사소통을 관계하는 사람을 발신자와 수신자라고 할 때, 발신자와 수신자 사이에 이해의 정도를 높이기 위해 메시지, 아이디어 혹은 태도를 공유하는 과정을 의미한다.
- 의사소통은 다음과 같은 주요특성을 갖는다(오석홍, 1998)[13]

  첫째, 의사소통은 원칙적으로 개인 간의 과정이다. 즉, 정보를 보내는 사람과 받는 사람 사이에 일어나는 과정이다.

  둘째, 의사소통은 원칙적으로 유목적적인 것이다. 발신자는 수신자에게 어떤 영향을 미치려 하거나 무엇을 알리려 한다.

  셋째, 의사소통 과정의 기본적 단위를 형성하는 핵심적 요소는 세

12) 교수와 학생의 지식에 대한 궁금증, 탐구 등에 관한 공통성은 매우 중요하다.
13) 행정학, 나남출판, 1998.

가지이다. 즉, 발신자와 수신자의 존재, 정보전달의 매체 또는 수단, 정보전달의 통로이다.

넷째, 조직 내의 모든 상호작용은 의사소통을 내포하기 때문에 조직과 의사소통의 관계 또는 조직에 대한 의사소통의 역할은 매우 복잡하다.

다섯째, 의사소통이 없으면 조직은 성립될 수 없기 때문에 의사소통은 모든 조직에 불가결한 요소이다.

- 의사소통은 조직에서 다음과 같은 주요 기능을 갖는다(박연호, 1994)[14].

첫째, 의사소통은 조직 구성원의 행동을 통제하는 기능을 갖는다. 조직에서는 각 구성원의 의무를 명확히 하고 권한과 책임에 관한 기준을 설정하기 위하여 의사소통을 한다.

둘째, 의사소통은 개인과 집단에 정보(information)를 전달하는 기능을 한다. 의사소통을 통하여 구성원에게 의사결정의 기준이 제공되고 명령과 지사 등이 수행된다.

셋째, 의사소통은 구성원의 동기를 유발시키는 작용을 한다. 조직은 다양한 목적과 목표를 위한 구성원간의 협동과 열심을 불러일으키기 위해 의사소통을 이용한다.

넷째, 의사소통은 구성원이 감정과 정서를 표출할 수 있는 기능을 수행한다. 즉 의사소통을 통하여 자신의 감정을 표출하고 다른 사람들과 교류를 넓혀나간다.

(2) 의사소통의 과정

- **사회심리학적 의사소통 이론**: 의사소통의 기초가 되는 사람들의 개인적 그리고 사회적 맥락을 고려한다.

---

14) 현대인간관계론, 박영사, 1994.

■ **사회심리학적 의사소통 과정:** 의사소통 고리(loop)로 개념화되고 있다(Hoy & Miskel, 1987)[15]

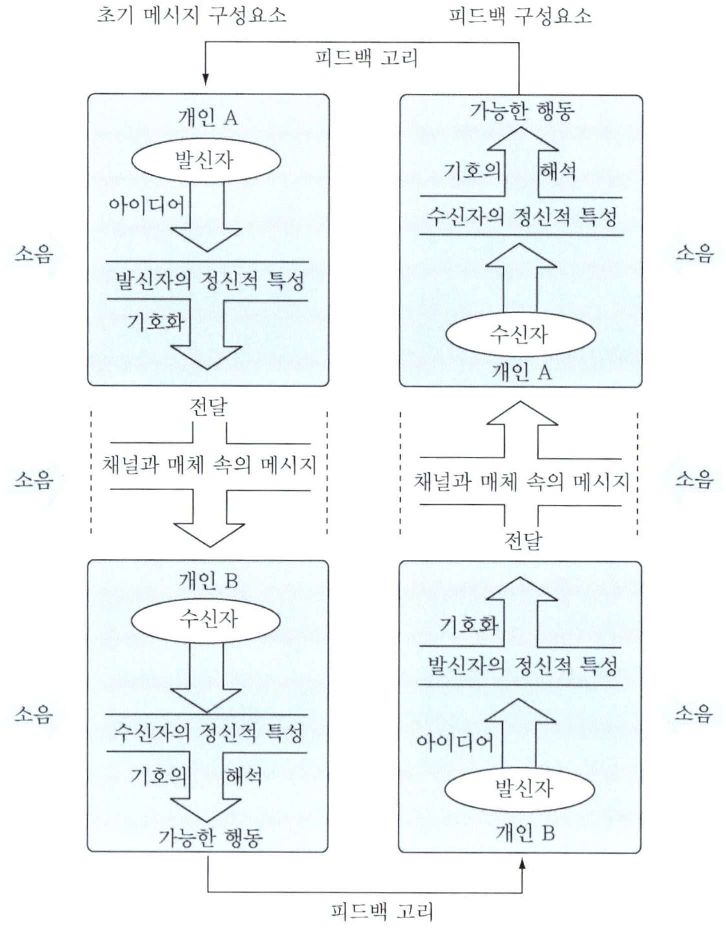

자료 : Wayne & Cecil(1987 : 360)

〈그림 3-6〉 사회심리적 의사소통 과정

15) Educational administration : Theory, research, and practice(6th ed.), Boston: McGraw-Hill, 1987.

(3) 의사소통의 유형

■ 공식적 의사소통과 비공식적 의사소통

① **공식적 의사소통**: 조직의 공식적 구조와 채널을 통해 이루어지는 의사소통이다. 목적은 조직 구성원에게 조직의 목표, 방침 및 지시사항 등을 알리고, 구성원의 의견과 보고 내용을 관리자와 모든 구성원에게 알리는 데 있다. 공문서 또는 서면이나 구두의 명령, 보고가 있으며, 의사소통이 확실하고 발신자와 수신자의 책임 소재가 분명하지만, 융통성이 없고 속도가 느리다.

② **비공식적 의사소통**: 비공식적 조직, 즉 자연발생적 인간관계 집단 내에서 비공식적 방법으로 이루어지는 의사소통을 의미한다. 공식적 상하관계의 직책을 떠나 자연스러운 친분관계, 상호 신뢰관계 등 인간관계를 기초로 하여 의사소통을 하는 것이다. 소문이나 잡담 또는 자연스런 접촉 등의 형태를 통하여 이루어지므로 통제하기도 어려우며, 경우에 따라서는 왜곡되고 정확하지 못한 정보를 유통시키기도 한다. 비교적 솔직하게 전달할 수 있으므로 조직관리자나 지도자에게 유익한 정보를 전달하는 수단이 된다.

사례 1

■ 한명회(수양대군-세조)

■ 언어적 의사소통과 비언어적 의사소통

① 인간은 언어를 사용하여 자신의 생각과 감정을 서로 소통한다. 언어적 의사소통은 구두에 의한 의사소통(대화, 전화 등)과 문서에 의한 의사소통(편지, 이메일 등)으로 구분된다.

② 언어 이외에 자세, 몸짓, 얼굴표정, 복장 등 비언어적 방법은 은연중에 인간의 감정이나 태도를 전달할 뿐만 아니라 그 효과도 언어를 사용하였을 때 보다 더 큰 경우가 있다. 중요한 비언어적 의사소통 방법으로 신체적 동작, 준언어, 물리적 거리, 시간 등이 있다.

■ 수직적 의사소통과 수평적 의사소통

① 수직적 의사소통

위계구조 속에서 상이한 수준을 통해 의사소통이 상하로 흐르는 것을 말한다. 수직적 의사소통은 그것이 이루어지는 방향에 따라 하양적 의사소통(downward communication)과 상향적 의사소통(upward communication)으로 구분할 수 있다.

② 수평적 의사소통

같은 직급과 직위를 가지고 있는 동료 간이나 부서 간에 이루어지는 의사소통을 의미한다. 동료 간의 단합이나 부서 간 업무의 조정과 지원 및 통합을 위해서 수평적 의사소통은 매우 필요하다. 수평적 의사소통 방법으로 사전심사제도, 회의 및 위원회, 회람 및 통보 등이 있다.

사례 2

■ 하향적 의사소통(상의상달)

조직의 계층 또는 명령 계통에 따라 상급자가 하급자에게 자신의 의사와 정보를 전달하는 것이다. 사례로는 소식지, 각종 게시물, 구내방송, 회의나 집회 등이다. 일반적인 정보가 정확, 신속, 풍부하게 전달될수록 조직 내의 잘못된 비공식 의사소통이 적어진다.

사례 3

■ 상향적 의사소통(하의상달)

조직의 하부에서 상부로 정보와 의사가 전달되는 것이다. 상향적 의사소통방법으로 보고, 제안제도, 의견조사, 면접, 회의 등이 있다. 이 상향식 의사소통은 그 과정에서 중간계층을 경유하여 최고계층에 도달하기 때문에, 중간계층이 하위계층의 정보나 의사가 위로 올라가는 것을 차단할 수 있는 가능성도 있다.

사례 4

■ 멘토와 멘티의 의사소통, 전공설계를 위한 의사소통에 활용 등

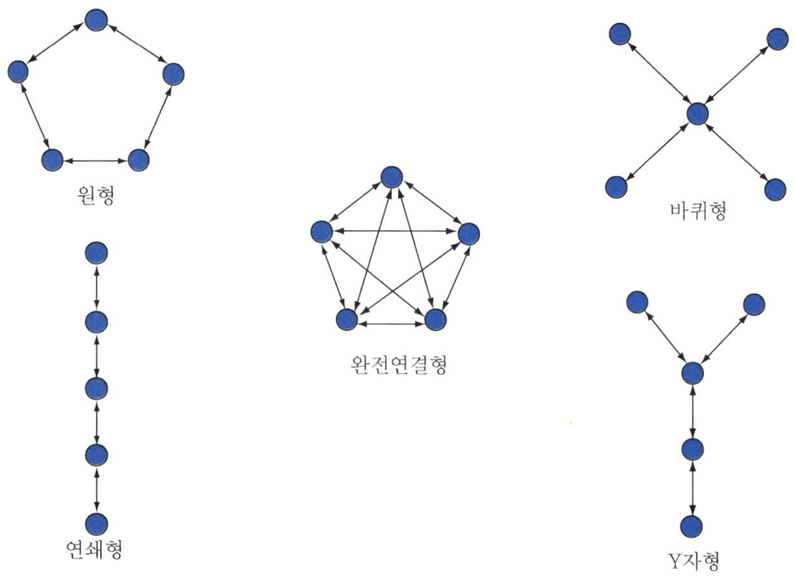

〈그림 3-7〉 의사소통 네트워크의 형태

- **의사소통의 네트워크 형태**: 조직 내 의사소통 과정은 발신자와 수신자를 직접 연결하는 경우도 있지만, 다양한 네트워크로 구성하는 경우가 많다. 아래 그림과 같이 원형, 바퀴형, 연쇄형, 완전연결형, Y자형 등이 있다.
  ① **원형**: 조직 구성원 간에 거의 동등한 입장에서 의사소통을 하는 경우에 형성된다.
  ② **바퀴형**: 조직 내에 중심적 인물이 존재하여 다른 구성원의 정보 전달이 한 사람에게 집중되고 있는 형태이다.
  ③ **연쇄형**: 의사소통이 공식적 명령 계통에 따라 위-아래로, 즉 수직적으로 흐르는 형태이다.
  ④ **완전연결형**: 비공식적 의사소통과 같이 모든 구성원이 다른 구성원과 자유롭게 정보를 교환하고 의사소통을 하는 형태이다.

사례 5

- 트위터 등

⑤ **Y자형**: 조직 내에 확고한 지도자나 중심적 인물이 있지는 않지만 비교적 다수의 구성원을 대표할 수 있는 인물이 나타나는 형태이다.

토의 1: 자기 자신의 의사소통을 하고 있는 공식 혹은 비공식 소속 구성원 간의 의사소통은 상기 5가지 유형의 어디에 해당하는지 알아보자.

(4) 의사소통의 기법

- **조해리 창:** 조해리 창(Johari Window)은 미국의 심리학자 조셉 루프트(Joseph Luft)와 해리 잉검(Harry Ingham)에 의해서 고안된 의사소통 모형으로서, 두 사람의 앞 두 글자를 모아서 만들어진 이름이다(Luft, 1970)[16]. 조해리의 창은 인간관계에서 의사소통을 통한 자기 노출의 중요성을 잘 보여준다. 조해리 창은 네 면으로 구성되어 있는데, 개방영역(open area)[17], 무지영역(blind area)[18], 은폐영역(hidden area)[19], 미지영역(unknown area)[20]이다.

---

16) Group process: An introduction to group setting and task performance, Englewood Cliffs, NJ: Prentice-Hill, 1970.

17) 자신도 알고 있고 타인에게 알려진 부분이다. 예를 들어 나의 이름, 성별, 직업, 가족사항 등 나에 대하여 타인이 잘 알고 있는 부분이다. 이때 타인과 자신에 관한 정보와 감정을 개방적으로 확대 공유하는 '민주형의 의사소통'이 이루어진다고 볼 수 있다.

18) 자기 자신에 대하여 타인은 알고 있지만 정작 자신은 잘 모르는 부분이다. '너 자신을 알라', '무식하면 용감하다'라는 말이 여기에 해당한다. 예를 들어, 자신의 좋지 못한 습관, 버릇, 말투, 행동 특성 등으로 타인이 기분 상하거나 상처를 입는 경우가 있다. 타인으로부터 적절한 피드백을 받아서 고치려 노력한다면 무지영역이 점차 줄어든다. 이때 자기 이야기는 많이 하면서 타인의 이야기에 귀를 기울이지 않는다면 '독단형의 의사소통'이 이루어진다.

19) 자신은 알지만 타인에게는 알려지지 않은 부분이다. 타인에게 숨기고 싶은 자신의 생각, 감정, 경험, 실수, 약점 등이 누구에게나 있다. 나와의 관계가 친밀해질수록, 나에 대해 잘 알게되고 은폐영역이 줄어든다. 자기 자신에 대하여 별로 노출시키지 않으면서 타인의 이야기를 주로 듣는 자세를 취한다면 '과묵형 의사소통'이다.

20) 타인은 물론이고 자기 자신 스스로도 잘 모르는 자신의 모습을 나타낸다. 예를 들어 자신의 무의식이나 기억이 흐린 아주 어린 시절의 경험 등은 자기 자신도 잘 모른다. 만일 어떤 사람이 자기 자신에 대하여 별로 노출시키지 않으면서 또한 타인의 이야기도 들으려 하지 않는 다면 '폐쇄형의 의사소통'이 이루어지고 있는 것이다.

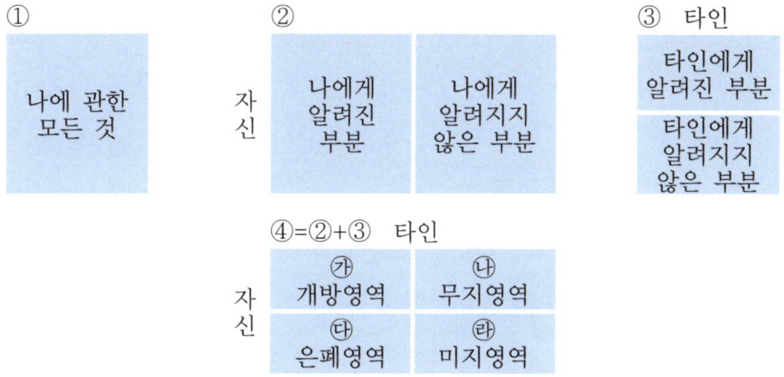

〈그림 3-8〉 조해리 창의 형성과정

■ 개인의 의사소통: 나-메시지[21]와 너-메시지[22](설기문, 2003)[23].

사 례

너 메시지: "너는 형편없구나."

나 메시지: "네가 그런 식으로 행동을 하니(행동/상황), 여러 사람에게 욕을 먹게 될 것 같아(결과) 걱정이 된다(반응)."

너 메시지: "나잇값을 해라."

나 메시지: "네가 그런 일도 제대로 처리 못하고 실수하니(행동/상황), 앞으로 더 힘든 일을 제대로 처리 못하고 그르칠 것 같아(결과) 걱정이 된다(감정/반응)."

---

21) 불편한 상황에서 나의 책임이 있다고 받아들이는 것이다. 상대방의 자존심을 상하지 않으면서 나의 감정을 전달하는 효과적인 방법이다.

22) 불편한 상황에서 상대방의 책임을 묻는 것이다. 상대방에게 문제의 책임을 지우면서 부정적 감정을 느끼게 하는 메시지를 전하기 때문에 부정적 의사소통과 인간관계를 초래한다.

23) 자기혁신을 위한 NLP(Neuro-Linguistic Programming: 신경언어 프로그래밍) 파워, 학지사, 2003. NLP는 인간의 행동을 새로이 프로그래밍 함으로써 보다 성장하고 성취할 수 있도록 돕고자 하는 원리의 기법이다.

(5) 의사소통의 원리

- 효과적인 의사소통 원리: 완전하고 정확한 의사소통은 매우 힘들다. 다음과 같은 원리는 보다 효과적인 의사소통을 위해 도움을 줄 수 있다.
  - **명료성**: 이상적 의사전달은 전달자가 의도하는 바를 말하고, 그가 말하는 의미를 피전달자가 정확하게 이해해야 한다. 이를 위해 간결한 문장과 평이한 용어를 사용해야 한다.
  - **일관성**: 처음과 나중의 내용이 서로 모순되어서는 안 된다.
  - **적시성**: 의사전달을 너무 빠르게 하거나 너무 늦게 해서도 안 되며, 알맞은 시기를 택하여 행하여야 한다.
  - **배포성**: 의사전달은 전달자로부터 명확하게 피전달자에게 전해져야 한다.
  - **적정성**: 의사전달은 적정량을 가해야하며, 너무 많은 겨우나 너무 적은 경우에는 피전달자의 이해를 방해한다.
  - **적응성과 통일성**: 적응성이란 의사전달의 융통성, 개별성, 현실합치성 등을 말하며, 통일성이란 각 의사전달이 전체로서 통일된 내용의 표현이 되게 하는 것이다.
  - **관심과 수용**: 의사전달은 피전달자가 관심을 갖고 있고, 또한 그것을 받아들일 수 있을 가능성이 있을 때 비로소 능률적으로 이루어질 수 있다.

(6) 의사소통의 기술

- 효과적 의사소통을 위하여 발신 기술(sending skill), 청취 기술(listening skill), 피드백 기술(feedback skill)이 필요하다(Hoy & Miskel, 2003).

- **발신 기술**: 자기 자신을 남에게 이해시키는 능력을 의미한다. 첫째, 적절하고 직접적인 언어를 사용하고 복잡하고 어려운 용어는 피한다. 둘째, 수신자에게 명확하고 완전한 정보를 제공한다. 셋째, 물리적 및 심리적 환경에서 오는 소음을 최소화해야 한다. 넷째, 상황에 따라 적절하고 다양한 매체들을 사용한다. 다섯째 복잡하고 애매모호한 메시지를 전달할 경우에는 대면적 의사소통[24]과 다양한 매체를 사용한다.
- **청취 기술**: 다른 사람을 이해하는 능력을 의미한다. 청취는 다른 사람이 단어, 행동, 또는 사물 등을 사용하여 전달하고자 하는 것을 이해하려는 행동의 한 형태이다. 경청하기, 질문하기, 격려하기, 부연하기, 감정 나타내기 등의 청취 기술이 필요하다.
- **피드백 기술**: 어떤 개인의 행동을 어떻게 인식하고 평가하는지에 관한 정보를 주고받는 능력을 의미한다. 첫째, 피드백은 그것을 받는 사람에게 도움이 되도록 의도되어야 한다. 둘째, 피드백은 일반적이기 보다는 구체적 그리고 오래되기보다는 최근의 것이어야 한다. 셋째, 피드백은 사람이 변화시킬 수 있는 행동을 대상으로 해야 한다. 넷째, 피드백은 시기적절하게 이루어져야 한다.

24) 구두의사소통(oral communication) : 말을 수단으로 직접 정보나 메시지를 전달하는 것이다.

(7) 경청의 바른 자세

- 효과적 의사소통을 위해서는 남의 말을 잘 경청하는 것이 매우 중요하다.
  - 올바른 경청자세:
    - 평가를 하지 말라.
    - 남의 말을 섣불리 짐작하여 듣지 말라.
    - 경청하는 체하지 말고 진지하게 경청하라.
    - 때때로 남의 말의 내용과 함께 감정에도 관심을 보여라.
    - 팔짱을 끼거나 다리를 꼬는 자세는 피한다.
    - 상대방 쪽으로 약간 기울인 자세를 취한다.
    - 따뜻하고 부드러운 시선을 보낸다.
    - 편안하고 자연스러운 자세를 취한다.
    - 진지한 태도를 보인다.
    - 잘 듣고 있다는 표시로 고개를 끄덕인다.
    - 듣고 있다는 표시로, "아, 그래, 그랬니, 그랬구나, 그래서, 저런" 등의 표현을 한다.
    - 말을 중간에 자르지 않는다.

토의 1: 지금까지 자기 자신의 성취스토리에서 의사소통의 기법에 해당되는 사례를 알아보자.

토의 2: 지금까지 자기 자신의 성취스토리 중에서 효과적 의사소통의 원리 및 기술에 해당되는 사례[25])를 알아보자.

토의 3: 지금까지 자기 자신의 라이프스토리 중에서 경청의 바른 자세에 해당되는 사례[26])를 알아보자.

25) 성취스토리 한 가지를 좀 더 상세히 적는다. 단, 7가지 성취스토리 중에서 가장 자신의 개성화 강점이 잘 드러난 성취스토리를 한 가지 선택한다.

26) 라이프스토리 중에서 자신의 개성을 가장 잘 표현된 사례를 7가지 중에서 한 가지를 선택해서 좀 더 상세히 적는다.

3.2.2 직업선택을 위한 네 가지 검사

- ◆ 자기 자신의 재능을 발견하기 위해 필요한 네 가지 검사가 있다.
- ◆ 인재학습에서 검사한 내용을 통해 전공설계를 만드는 과정에서 보조 자료로 활용한다.

(1) MBTI_Form G 검사(성격 유형 검사)

- MBTI 소개: MBTI는 심리학자 융의 심리유형론을 근거로 캐서린 브릭스(Katherine C. Briggs), 그녀의 딸 이사벨 마이어스(Isabel B. Myers), 손자 피터 마이어스(Peter Myers)까지 3대에 걸쳐 70년 동안 연구·개발된 성격유형검사이다. 이 검사는 현재 세계에서 가장 널리 사용되는 심리검사 중 하나이며, 40여 개국에서 20가지 이상의 언어로 번역되어 사용되고 있다. 우리나라에서 MBTI검사는 문화적 차이를 고려한 번안 과정 및 엄격한 표준화 과정을 거쳐 1990년부터 보급되고 있다. 또한 MBTI 검사 전문교육을 통해 검사 해석의 전문성 및 검사 사용의 윤리성을 유지해 나가고 있다. MBTI 검사는 전문교육을 수료한 전문가가 실시하고, 해석해야 자신의 참된 유형을 찾아가는 데 도움을 받을 수 있다.

- MBTI 4가지 선호지표

지 표	선 호 경 향	주 요 활 동
외향-내향	에너지의 방향은 어느 쪽인가?	주의초점
감각-직관	무엇을 인식하는가?	인식기능
사고-감정	어떻게 결정하는가?	판단기능
판단-인식	채택하는 생활양식은 무엇인가?	생활양식

■ MBTI 4가지 선호지표의 대표적 표현들:

16가지 성격유형 특성으로

ISTJ[27], ISFJ[28], ISTP[29], ISFP[30],

ESTP[31], ESFP[32], ESTJ[33], ESFJ[34],

INFJ[35], INTJ[36], INFP[37], INTP[38],

ENFP[39], ENTP[40], ENFJ[41], ENTJ[42]이다.

---

27) 조용하고 신중하며 집중력이 강하다.
매사에 철저하고 사리분별력이 뛰어나다.
28) 차분하고 조용하며 친근하다.
책임감이 강하고 헌신적이다.
29) 조용하며 절제된 호기심으로 인생을 관찰한다.
상황을 민첩하게 파악하며 도구를 잘 다룬다.
30) 말없이 다정하고 온화하다.
친절하고 연기력이 뛰어나며 겸손하다.
31) 현실적인 문제 해결에 능하다.
적응력이 뛰어나고 관용적이다.
32) 사교적이고 활동적이다.
수용적이고 친절하며 낙천적이다.
33) 구체적이고 현실적이며 사실적이다.
일을 조화롭게 처리해 나가며 지도력이 있다.
34) 마음이 따뜻하고 이야기하는 것을 좋아한다.
다른 사람과의 인화를 중요하게 여긴다.
35) 인내심이 강하고 통찰력과 직관력이 뛰어나다.
신념을 갖고 열정적으로 구현시켜 나간다.
36) 사고가 독창적이고 창의력이 뛰어나다.
비판적 분석력이 뛰어나며 내적 신념이 강하다.
37) 정열적이고 충실하다.
목가적이고 낭만적이며 내적 신념이 강하다.
38) 조용하고 과목하다. 문제를 논리적이고 분석적으로 해결하는 것을 좋아한다.
39) 따뜻하고 정열적이며 활기가 넘친다.
재능이 많고 상상력이 풍부하다.
40) 민첩하고 독창적이다. 넓은 안목을 갖고 있으며 다방면에 관심과 재능이 많다.
41) 따뜻하고 적극적이며 책임감이 강하다.
사교성이 좋고 동정심이 많다.
42) 활동적이고 솔직하다. 단호한 결단력과 통솔력이 있다.

E 외향형(Extraversion)	I 내향형(Introversion)
• 폭넓은 대인관계를 유지하고 사교적이며 정렬적이고 활동적이다. • 자기 외부에 주의 집중, 말로 표현, 외부 활동과 적극성, 경험한 다음에 이해, 정열적, 활동적, 쉽게 알려짐	• 깊이 있는 대인관계를 유지하며 조용하고 신중하며 이해한 다음에 행동한다. • 자기내부에 주의집중, 글로 표현, 내부활동과 집중력, 이해한 다음에 경험, 조용한, 신중한, 서서히 알려짐
S 감각형(Sensing)	**N 직관형(iNtuition)**
• 오감에 의존하며 실제의 경험을 중시하고 지금, 현실에 초점을 맞추어 정확하고 철저하게 일처리한다. • 지금, 현실에 초점, 사실적 사건 묘사, 실제의 경험, 나무를 보려는 경향, 정확하고 철저한 일처리, 가꾸고 추수함	• 육감 내지 영감에 의존하며 미래지향적이고 가능성과 의미를 추구하며 신속, 비약적으로 일처리한다. • 미래, 가능성에 초점, 비유적, 암시적 묘사, 아이디어, 숲을 보려는 경향, 신속하고 비약적인 일처리, 씨뿌림
T 사고형(Thinking)	**F 감정형(Feeling)**
• 진실과 사실에 주로 관심을 갖고 논리적이고 분석적이며 객관적으로 사실을 판단한다. • 진실, 사실에 주된 관심, 맞다, 틀리다의 판단, 원리와 원칙, 규범, 기준 중시 논리적, 분석적, 지적 논평	• 사람과의 관계에 주로 관심을 갖고 주변상황을 고려하여 판단한다. • 사람, 관계에 주된 관심, 좋다, 나쁘다의 판단, 의미와 영향, 나에게 주는 의미를 중시 상황적, 포괄적, 우호적 협조
J 판단형(Judging)	**P 인식형(Perceiving)**
• 분명한 목적과 방향이 있으며 기한을 엄수하고 철저히 사전에 계획하고 체계적이다. • 정리정돈과 계획, 의지적 추진, 분명한 목적의식과 방향감각, 신속한 결론, 뚜렷한 기준과 자기의사, 통제와 조정	• 목적과 방향은 변화 가능하고 상황에 따라 일정을 변경 할 수 있으며 자율적이고 융통성이 있다. • 상황에 맞추는 개방성, 이해로 수용, 목적과 방향은 변경가능하다는 개방성, 유유자적한 과정, 융통과 적용, 재량에 따라 처리될 수 있는 포용성

- **ISTJ**: 실제 사실을 체계적으로 정확하게 기억한다. 집중력이 강하고 현실감각이 뛰어나 일을 할 때 실질적이고, 조직적으로 처리해 나간다. 보수적인 경향이 있어 전통을 따르려고 하며, 문제를 해결할 때 과거의 경험을 잘 적용한다. 또한 일상에서도 반복되는 일에 대해 인내심이 강하다.
  - 자신의 방법과 생각만을 고집하기 쉬우므로, 장기적인 안목을 갖고 변화와 다른 가능성에 대해 개방적인 태도를 취할 필요가 있다. 자신이 많은 일에 대해 지나치게 책임지려 하며, 직책이 요구하는 이상으로 일을 진지하게 다루는 경향이 있다.
- **ISFJ**: 책임감이 강하고 온정적이며 헌신적이다. 침착하고 인내심이 강하다. 다른 사람의 사정을 잘 고려하며, 자신과 타인의 감정 흐름에 민감하다. 일 처리할 때 현실 감각을 발휘하여, 실제적이고 조직적으로 처리해 나간다. 자신이 틀렸다는 것을 경험적으로 확인할 때까지 어떠한 난관이 있어도 꾸준히 밀고 나가는 편이다.
  - 주체성과 독단성을 키우고, 다른 사람에게 명령하고 지시하는 역할에도 익숙해지도록 노력해야 한다. 장기적인 안목으로 미래를 바라볼 필요가 있다. 또한 자신의 견해를 남에게 이야기할 때, 확신 있는 태도로 말하는 것이 필요하다.
- **ISTP**: 말을 적게 하며 필요 이상으로 자신을 드러내지 않는다. 인생을 논리적으로 분석하고 객관적으로 관찰한다. 일과 관계되어 있지 않으면 어떤 상황이나 다른 사람들의 일에 직접 뛰어들지 않는다. 이들은 상황을 민첩하게 파악하는 능력이 있으며, 가능하면 일을 수행하기 위해 투입하는 노력을 절약하려는 경향이 있다.
  - 목표를 달성하기 위해 계획을 세우면, 계획을 실천하는 것에 집중하고 성취할 때까지 인내하는 노력이 필요하다. 지나치게 편

의적이고 노력을 최소화하려는 경향이 있으므로, 열성과 적극성을 키울 필요가 있다. 또한 자신의 느낌이나 생각, 정보, 계획을 개방하고 타인과 나누는 것이 필요하다.

- **ISFP**: 양털 안감을 넣은 오버코트처럼 속마음이 따뜻하고 동정적이다. 그러나 상대방을 잘 알게 될 때까지 이 따뜻함을 잘 드러내지 않는다. 말없이 다정하고 친절한 이들은 16가지 성격유형 중 자신의 능력을 가장 겸손하게 평가한다. 일상 활동에서 개방적이고, 적응력이 뛰어나며 현재의 삶을 즐긴다.
  - 타인을 지나치게 신뢰하고 남을 비판하지 못하는 반면, 자신은 쉽게 상처를 받고 그 상황에서 물러나 버리는 경향이 있다. 겸손한 태도를 취하기보다 자신의 능력을 남에게 알릴 필요가 있다. 또한 다른 사람에게 부정적인 피드백을 주는 방법을 배우는 것이 필요하다.
- **ESTP**: 관대하고 느긋하다. 어떤 사람이나 사건에 대해 별로 선입견을 갖지 않으며, 개방적이다. 현재 직면한 문제의 타협책을 모색하고 문제를 해결하는데, 뛰어난 능력을 발휘하기도 한다. 친구, 운동, 음식, 다양한 활동 등 오감으로 보고, 듣고, 느끼고, 만질 수 있는 생활의 모든 것을 즐긴다.
  - 끈기, 인내 그리고 의지를 더 키울 필요가 있다. 사전 계획 없이 즉흥적으로 행동하는 경향이 있으므로, 일을 시작하면 끝까지 마무리 짓는 노력이 필요하다. 물질을 소유하는 즐거움에 집착하기 쉬우므로 그 즐거움의 이면을 볼 수 있어야 한다.
- **ESFP**: 친절하고 수용적이며, 현실적이고 실제적이다. 어떤 상황에서도 잘 적응하고, 타협적이다. 주위 사람이나 현재 발생하는 일에 대해 관심이 많으며, 기꺼이 그 일에 참여하고자 한다. 새로운

사건 혹은 물건에도 호기심이 많다. 사람이나 사물을 다루는데 필요한 사실적인 상식이 풍부하다.

- 논리적이고 분석적으로 판단하는 능력을 개발시킬 필요가 있다. 일과 여가 활동을 잘 조정하여 균형을 맞추는 것이 필요하다. 시간 관리에 노력을 들여야 하며, 일을 시작하기 전에 전체적인 계획을 세우는 것이 필요하다.

■ **ESTJ**: 일을 조직화시키고, 실행 단계를 계획하여 추진하는 능력이 있다. 사업이나 조직을 현실적, 사실적, 체계적, 논리적으로 이끌어 가는데 타고난 재능을 지녔다. 분명한 규칙을 중요하게 여기며, 그것을 지키고자 한다. 어떤 계획이나 결정을 내릴 때 과거의 경험을 활용하고, 확고한 사실에 바탕을 두고 결정한다.

- 지나치게 일 중심인 경향이 있다. 너무 성급하게 결정하는 경향이 있으므로 모든 측면, 특히 자신과 타인의 정서적 측면을 고려하는 것이 필요하다. 변화와 새로운 시도, 추상적인 이론 등을 고려하는 노력이 필요하다.

■ **ESFJ**: 동정심이 많고, 다른 사람에게 관심을 쏟으며 인화를 중시한다. 또한 친절하고 재치가 있다. 참을성이 강하고 양심적이며, 정리정돈을 잘한다. 다른 사람들의 의견을 갖고 있는 가치를 발견하는데 재능이 있다. 심지어 이러한 의견들이 상호 갈등을 일으키는 때도, 이들은 그 의견을 조정할 수 있을 것이라는 신념을 갖고 있다.

- 다른 사람에게 정말 필요한 것이 무엇이고, 무엇을 원하는지 진지하게 들을 필요가 있다. 속단하는 경향이 있으며 "이렇게 되어야 한다" 또는 "저렇게 되어야 한다"는 마음의 규율이 많다. 일이나 사람들과 관련된 문제에 대해 냉철한 입장을 취하는 것을 어려워한다.

- **INFJ**: 강한 직관력을 소유하고 있으며, 창의력과 통찰력이 뛰어나다. 뛰어난 영감을 가지고 있으며, 말없이 타인에게 영향을 미친다. 자신의 신념에 대해 확신을 갖고, 열정적으로 구현시켜 나가는 정신적 지도자들이 많다.
  - 이들은 풍부한 내적 생활을 소유하고 있지만, 다른 사람들과 공유하는 것을 어려워한다. 한 곳에 몰두하는 경향 때문에 목적 달성에 필요한 주변적인 조건들을 경시하기 쉽고, 이로 인해 난관에 부딪칠 때가 있다. 이들은 내면에 갈등이 많고 복잡한 경향이 있으므로, 현실을 있는 그대로 수용하고 현재를 즐기고자 하는 노력이 필요하다.
- **INTJ**: 독창적으로 생각하고 행동하며, 강한 직관력을 가지고 있다. 내적 신념과 비전은 산이라도 움직일 만큼 강하다. 자신이 가진 영감과 목적을 실현시키려는 의지와 결단력, 인내심을 가지고 있다. 자신과 타인의 능력을 중요하게 여기며, 목적 달성을 위해 모든 시간과 노력을 투자한다.
  - 이들은 냉철한 분석력 때문에, 일과 사람을 그대로 수용하고 음미하는 것이 어렵다. 그러므로 현실을 있는 그대로 보고, 그 상황의 구체적이고 사실적인 면을 보려는 노력이 필요하다. 또한 다른 사람의 관점에 귀 기울이고 감정을 고려할 필요가 있다.
- **INFP**: 마음이 따뜻하고 조용하다. 자신이 관계하는 일이나 사람에 대해 책임감이 강하고 성실하다. 이해심이 많고 관대하며, 자신이 지향하는 이상에 대해 열정적인 신념을 갖는다. 자신이 지닌 내적 성실성과 이상, 깊은 감정, 부드러운 마음을 좀처럼 표현하지 않지만 조용하게 생활 속에서 묻어난다.

- 이들은 너무 많은 사람을 동시에 만족시키고자 하는 경향이 있는데, 이러한 부담에서 벗어나기 위해 노력하면 주변 사람들에 대해 객관적인 입장을 취하는 태도가 필요하다. 또한 어떤 일을 할 때 자신의 이상과 실제적인 현실 상황을 검토해 보는 노력이 필요하다.

■ **INTP**: 조용하고 과묵한 편이지만, 관심이 있는 분야에 대해서는 말을 잘한다. 지적 호기심이 강하고 이해력이 빠르다. 높은 직관력을 지니고 있으며 통찰력이 뛰어나다. 개인적인 인간관계나 친목회 혹은 잡담 등에 별로 관심이 없다. 매우 분석적이고 논리적이며, 객관적인 비평을 잘한다.

- 가끔 어떤 아이디어에 몰입하여 주위에서 돌아가고 있는 일을 모를 때가 있다. 지나치게 추상적이고 비현실적으로 생각하는 경향이 있으며, 사교성이 부족한 편이다. 때로는 자신의 지적 능력을 은근히 과시하는 경향이 있어 거만하게 보일 수 있다.

■ **ENFP**: 온정적이고 창의적이다. 풍부한 상상력과 영감을 갖고 새로운 프로젝트를 잘 시작한다. 어떤 일을 할 때 풍부한 상상력과 순간적인 에너지를 발휘하여 재빠르게 처리해 나간다. 관심 있는 일은 무엇이든지 척척해내는 열성파이다. 다른 사람에게 관심을 쏟고, 사람들을 잘 통솔하며 자신의 뛰어난 통찰력을 가지고 도움을 준다.

- 반복되는 일상적인 일에 대해 견디지 못하고, 한 가지 일을 마무리 짓지 않은 채 몇 가지 다른 일을 새롭게 시작하는 경향이 있다. 관심이 가는 모든 것을 시도하기보다는 일에 우선순위를 두고, 어떤 것에 집중할지 선별하는데 노력을 기울일 필요가 있다.

- **ENTP**: 독창적인 혁신가이고 창의력이 풍부하다. 넓은 안목을 가지고 있으며 다방면에 관심과 재능이 많다. 풍부한 상상력을 발휘하여 어떤 새로운 프로젝트를 남들보다 먼저 시도하고, 솔선수범한다. 새로운 문제나 복잡한 문제를 해결하는 능력이 뛰어나며, 사람들의 동향에 대해 기민하고 박식하다.
  - 어떤 일을 시작하고 그 일을 마무리 짓기 전에, 또 다른 새로운 일에 뛰어드는 경향이 있다. 이들은 일상적이고 세부적인 일은 경시하고 태만하기 쉬우며, 새로운 도전 거리가 없는 일은 큰 흥미가 없다.
- **ENFJ**: 친절하고 재치가 있으며, 다른 사람들과의 인화를 중요하게 여긴다. 다른 사람들의 생각이나 의견에 대해 관심을 쏟으며, 공동의 선을 위해 대거 다른 사람의 의견에 동의한다. 현재보다는 미래의 가능성을 추구하고 앞으로의 계획을 능숙하고 쉽게 제시하며 집단을 이끌어가는 능력이 있다.
  - 일이나 사람과 관계된 문제에 대해 냉철한 입장을 취하지 못하는 경향이 있다. 이들은 인간관계에 끌려 과업을 소홀히 다루기 쉽다. 반대 의견에 부딪쳤을 때나 자신의 요구가 거절당했을 때, 마음의 상처를 받는다.
- **ENTJ**: 활동적이고 솔직하다. 결단력과 통솔력이 있으며, 거시적인 관점에서 바라보며 장기계획을 세우는 것을 선호한다. 지식에 대한 욕구와 관심이 많으며, 특히 지적인 자극을 주는 새로운 아이디어에 관심이 많다. 일을 처리할 때 사전 준비를 철저하게 하고, 논리적으로 분석하여 계획한다.
  - 다른 사람의 의견에 귀 기울일 필요가 있으며, 자신과 타인의 감정을 잘 살펴 볼 필요가 있다. 자신의 느낌이나 감정을 인정하고 표현하는 것이 중요하며, 성급한 판단이나 결론은 피해야 한다.

토의 1: 16가지 성격유형에서 자기 자신의 유형의 특성을 근거로 어떤 점이 일치하고 어떤 점을 개선하고자 노력할 필요가 있는지 알아보자.

토의 2: 16가지 성격 유형에서 자신과 가장 근접하는 장점과 단점을 알아보고 구체적으로 자기 자신에게 꼭 맞는 유형을 새로 만들어 보자.

(2) Career Thoughts Inventory(CTI, 진로사고 검사)

■ 진로사고 검사란?

- 진로사고란 진로선택이나 진로결정과정에서 나타나는 여러 가지 생각들로 진로관련 정보를 어떻게 활용하는지와 관련된 인지적 정보처리로 볼 수 있다.

- 부정적인 진로사고(dysfunctional career thinking)는 진로탐색, 진로선택이나 진로결정을 어렵게 하는 생각들로 의사결정회피, 진로미결정, 무력감과 우울, 흥미저하, 진로준비활동 방해 등 전반적인 진로결정을 어렵게 하는 것으로 나타났다.

■ 검사의 특징 및 장점

- 현재 많이 사용하는 적성검사나 흥미검사는 진로성숙도, 진로정체감이 부족하거나 낮은 진로결정 준비도를 가지고 있는 일부 개인들에게는 효과적으로 활용되지 못하는 제한점을 가지고 있다.
- M진로사고검사는 어떤 사람들이 흥미검사로부터 얻어지는 정보를 처리하는데 어려움을 가지고 있는지를 찾아내는 선별도구로서 개인적인 특성에 맞는 진로지도를 할 수 있다.
- 진로사고검사는 진로지도와 상담에서 검사를 좀 더 활용할 수 있는 워크북이 제공된다.
- 검사를 통해 알게 된 자신의 역기능적인 진로사고를 검토하여 수정하고 적절한 진로선택을 할 수 있는 계획을 수립하여 행동에까지 이르게 하는 과정으로 짜인 워크북을 개인적으로 또는 진로 전문가와 함께 활용할 수 있다는 특징이 있다.
- 이러한 진로사고검사의 워크북을 통한 진로상담은 현재의 진로의사결정에만 도움이 되는 것이 아니라 일종의 ‘학습과정’으로 앞으로 좀 더 나은 진로문제 해결자가 되는데 도움이 되도록 고안되었다.
- 진로사고검사는 사용이 간편하다는 장점과 함께 개별검사로도 사용하여 진로 개인 상담에 도움을 줄 수 있을 뿐 아니라 집단상담으로도 적합한 활용도가 매우 큰 검사이다.

■ 검사의 활용

- 진로결정에 있어서 개인차를 고려한 개별화된 진로서비스를 제공할 수 있다. 진로사고검사는 3개의 하위척도 점수를 분석함으로써 내담자가 가지고 있는 진로문제의 특성을 구체적으로 이해할 수 있다. 이는 기존의 흥미검사에서 얻어지는 정보를 처리하는데 어려움을 가지고 있는 사람들을 찾아내고, 진로의사결정과정에 더 많은 지원이 필요한 높은 수준의 부정적인 진로사고를 하는 사람을 찾아내서 개인별 특성에 맞는 진로상담을 제공하는 데 활용할 수 있다.
- 진로사고검사는 워크북을 보조적 학습자원으로 활용한다. 이 워크북은 5개 영역으로 구성되어 있으며, 진로사고검사에서 높은 점수를 얻은 사람들은 워크북을 활용하여 자기점검을 하고 의사소통을 촉진시키는 과제를 수행함으로써 실제적인 도움을 받을 수 있다. 지금까지의 진로와 관련된 검사들이 초등학생에서 대학생까지만 사용할 수 있도록 개발된 것에 반해 이 검사는 일반성인도 사용할 수 있다.
- 이는 평생직장의 개념이 깨지면서 개인마다 진로결정의 시기가 여러 번 올 수 있으며 그때에 자기점검 및 실천계획을 위해 검사를 활용할 수 있다. 또한 진로사고의 개선은 현재뿐 아니라 앞으로도 진로문제해결을 하는 데 도움이 되도록 학습할 수 있다.
- 이 검사는 진로미결정, 진로정체감 등 진로관련 변인 및 성격특성, 가족체계 등과도 관계가 있는 것으로 나타나 진로와 관련된 폭넓은 연구에서 활용할 수 있다.

■ 검사의 이론적 배경

- 이 검사는 인지적 정보처리이론(Cognitive Information Processing: CIP)과 인지치료(Cognitive Therapy)를 이론적 근거로 하여 진로에서의 부정적인 인지를 측정한다. 진로사고검사는 의사결정혼란, 수행불안, 외적갈등이라는 세 개의 하위척도로 구성된다.
- 의사결정혼란은 진로의사결정 과정을 시작하거나 유지하는데 개인이 가지는 곤란수준을 측정하며, 수행불안은 여러 가지 대안 중 한 가지 대안을 선택하거나 대안에 대한 우선순위를 매기는 등의 선택을 하고자 할 때 결단을 내리기 어려운 곤란수준을 나타낸다. 외적갈등은 결정에 대한 책임감을 회피하게 하는 갈등에 관한 것으로 중요한 타인에게서 얻는 정보의 중요성과 자신이 지각한 정보의 중요성 간에 균형조절에 있어서의 무능력을 반영한다. 인지적 정보처리이론은 진로문제해결 및 의사결정과 관련된 광범위한 영역을 설명하는 이론으로 자기 독백, 자기통제와 모니터링과 같은 메타[43]인지를 설명할 수 있으며 진로문제해결 및 의사결정상의 기술을 촉진시킬 수 있는 방법을 고안하는데 개념적 근거가 된다. 인지적 정보처리 이론에서 진로문제해결 및 진로의사결정과 관련된 정보처리영역은 피라미드 형태로 개념화할 수 있다.
- 진로사고검사 개발에서 또 다른 이론적 배경인 인지치료는 사고, 행동, 정서와 관련된 역기능적 사고의 과정, 역기능적 도식의 영향 그리고 체계적인 자동적 사고오류의 영향 등을 설명

43) Metacognition으로 "인지함을 인지하는 것" 또는 "알고 있음을 아는 것"이라고 정의할 수 있다.

할 수 있고 역기능적 사고의 수정뿐 아니라 진로미결정에 따른 불안 및 우울 등과 같은 부정적인 정서를 치료하기 위한 치료 과정을 수립한다.

- ■ 검사의 내용 구성
  - 이 검사는 인지적 정보처리이론(Cognitive Information Processing : CIP)과 인지치료(Cognitive Therapy)를 이론적 근거로 하여 진로에서의 부정적인 인지를 측정한다.

의사결정혼란	진로의사결정 과정을 시작하거나 유지하는데 개인이 가지는 곤란수준을 측정한다.
수행불안	여러 가지 대안 중 한 가지 대안을 선택하거나 대안에 대한 우선순위를 매기는 등의 선택을 하고자 할 때, 결단을 내리기 어려운 곤란수준을 나타낸다.
외적갈등	결정에 대한 책임감을 회피하게 하는 갈등에 관한 것으로 중요한 타인에게서 얻는 정보의 중요성과 자신이 지각한 정보의 중요성 간에 균형조절에 있어서의 무능력을 반영한다.

제공: http://www.guidance.co.kr/agmain/eTest/Testkind/kinds_info_01.asp

토의 1: 자기 자신의 진로사고 검사에서 전공설계를 위해 진로사고의 개선이 필요한 것이 무엇인지 알아보자.

(3) 직업가치관검사

■ 검사안내

- 직업가치관검사는 만 15세 이상의 청년층 및 성인이 중요하게 생각하는 직업가치관을 알아보고 자신의 직업가치를 실현하기 위해 적합한 직업을 안내해주는 심리검사이다.
- 직업가치관검사는 성별에 관계없이 만 15세의 청소년에서부터 만 50세까지의 성인이 받아볼 수 있다.
- 전체 검사를 실시하는 데는 약 15~20분 정도 소요된다.
- 직업가치관검사는 총 13개의 하위요인으로 구성되어 있으며, 검사결과를 통해서 개인이 중요하게 생각하는 직업가치가 무엇인지, 그리고 개인의 직업가치관에 잘 맞는 직업들은 어떤 것인지 안내해준다.

■ 하위요인 설명

- **성취**: 스스로 달성하기 어려운 목표를 세우고 이를 달성하여 성취감을 맛보는 것을 중시하는 가치
- **봉사**: 자신의 이익보다는 사회의 이익을 고려하며, 어려운 사람을 돕고, 남을 위해 봉사하는 것을 중시하는 가치
- **개별 활동**: 여러 사람과 어울려 일하기보다 자신만의 시간과 공간을 가치고 혼자 일하는 것을 중시하는 가치
- **직업안정**: 해고나 조기퇴직의 걱정 없이 오랫동안 안정적으로 일하며 안정적인 수입을 중시하는 가치
- **변화지향**: 일이 반복적이거나 정형화 되어 있지 않으며 다양하고 새로운 것을 경험할 수 있는지를 중시하는 가치
- **몸과 마음의 여유**: 건강을 유지할 수 있으며 스트레스를 적게 받고 마음과 몸의 여유를 가질 수 있는 업무나 직업을 중시하

는 가치

- **영향력 발휘**: 타인에게 영향력을 행사하고 일을 자신의 뜻대로 진행할 수 있는지를 중시하는 가치
- **지식추구**: 일에서 새로운 지식과 기술을 얻을 수 있고 새로운 지식을 발견할 수 있는지를 중시하는 가치
- **애국**: 국가의 장래나 발전을 위하여 기여하는 것을 중시하는 가치
- **자율성**: 다른 사람들에게 지시나 통제를 받지 않고 자율적으로 업무를 해나가는 것을 중시하는 가치
- **금전적**: 보상 생활하는데 경제적인 어려움이 없고 돈을 많이 벌 수 있는지를 중시하는 가치
- **인정**: 자신의 일이 다른 사람들로부터 인정받고 존경받을 수 있는지를 중시하는 가치
- **실내활동**: 주로 사무실에서 일할 수 있으며 신체활동을 적게 요구하는 업무나 직업을 중시하는 가치

제공: http://www.work.go.kr/supportAndCounsel/psychologyTest/PsychologyTest.jsp?m=3&s=1&menuId=M200800003

토의 1: 자기 자신의 직업 가치관 검사에서 자신의 재능을 습득하는데 필요한 전공설계를 위해 어떤 점을 고려해야하는지 알아보자.

(4) 직업 적성 검사

■ 직업 적성 검사

- 자신의 성격이나 직무능력, 전공, 흥미, 관심도 등을 대입/분석하여 적합한 직업 선택을 할 수 있게 하는 검사이다.
- (공무원, 회사원, 사업, 전문직 등의 4개 요인과 하부 23개 요인으로 분석) 취업 희망자나 개인이 자신의 적성에 맞는 직업군을 파악하기 위해 유용한 검사로서, 직무 적성 검사에 우선하여 실시하는 검사이다.

(5) 검사항목 문항수 소요시간

■ 검사구성

- 구분

  ① 1부 **인성검사**: 준법, 지도, 자주, 책임, 협동, 근면, 집중, 감정, 정서, 정직, 사교, 적극, 성취, 섭외, 인내 등 15개 항목, 기타 30개 항목 (총 문항수 226개)

  소요시간: 25분

  ② 2부 **직무능력**: 논리, 사고, 응용, 창의, 이해, 수리, 판단, 탐구 등 8개 항목 및 16개 하부 항목 (총 문항수 80개)

  소요시간: 75분

■ 직업적성: 전공(관심)

- 공무원(행정, 기술, 법무, 교육), 회사원(사무, 행정, 영업, 무역, 기술, 전산, 홍보, 안내, 연구, 개발), 자영업(제조, 유통서비스), 전문직(법률, 의료, 회계, 세무, 정보통신, 카운슬링, 군인) 등 4개 요인 및 23개 하부요인

  (총 306개: 인성검사 226개+직무능력 80개)

■ 검사방법 및 유의사항

- 직업 적성 검사는 1부 인성검사와 2부 직무능력검사로 구성되어 있으며, 총 306문항에 100분이 소요된다.
- 한 화면에 출제되는 문제를 모두 체크해서 다음 화면으로 넘어가면 이전 문제는 다시 풀이할 수 없으니 신중히 검사에 응해야 한다.
- 1부 인성검사 제한시간은 25분이며, 2부 직무능력검사의 제한시간은 75분이다. 제한시간이 경과하면 검사가 중단되므로 될 수 있는 대로 신속하게 해야 한다.
- 질문에 대한 응답을 허위로 하면 허위의 결과와 응답신뢰도가 나오므로 정직하게 응답해야 한다.
- 본 검사는 변칙 검사에 대한 방지 시스템이 있다. 찍기, 문항비교, 허위 응답, 표현 내용으로 유리한 답 쓰기 등에 대한 함정이 있습니다.

토의 1: 자기 자신의 직업 적성 검사에서 자신의 직업(일거리)을 선택하는데 필요한 전공설계를 위해 어떤 점을 고려해야 하는지 알아보자.

3.2.3 전공설계에서 성취스토리의 활용

◆ 나의 재능을 확인하는 순간들은 나의 존재를 인식하는 순간이다.

◆ 전공설계의 성공은 나의 존재를 경험하는 기회를 갖는다.

(1) Achievement Story(성취스토리)

■ 성취스토리 쓰기

- 잘 할 수 있는 일을 즐겁게 하면 가장 높은 성과를 낼 수 있다. 그런데 보람까지 느끼면 그 이상 바랄 게 없을 것이다. 즐겁게, 잘하며, 보람을 준 과거의 일을 찾아본다.
- 즐거움, 보람, 잘함이란 이 세 가지 요인은 성과를 내고, 계속 발전하고 성공하게 하는 기반이 된다. 잘함은 재능을 살리는 것이고, 즐김은 지속적 몰두를 가능하게 한다. 싫증나는 일은 금방 때려치우질 않는가! 보람은 삶의 품격을 높여준다. 고용자는 구직자들이 즐겁게, 보람차게 일을 잘 할 수 있기를 바란다. 즉 성취하는 사람이다.

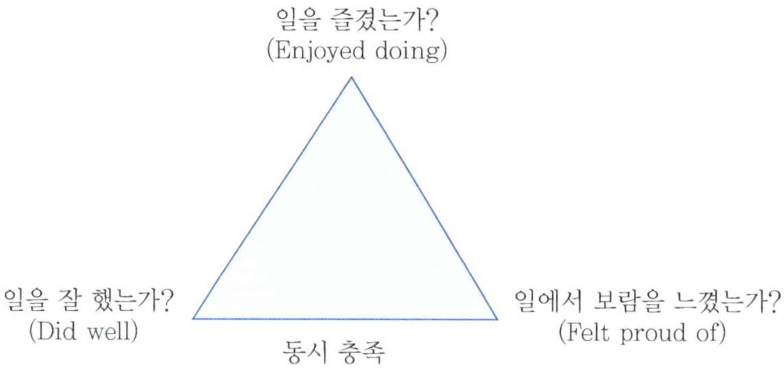

(Bernard Haldane 2007)

- 성취스토리(achievement story)는 어릴 적부터 지금까지, 즐겁게, 보람되게, 잘 해낸 사건의 내용을 기억하고 쓰는 것이다. 즐김, 보람, 잘함의 세 조건을 동시에 반드시 충족해야 한다.
- 놀랍게도 성취스토리를 쓰려고 책상머리에 앉는 순간 벌써 내적 변화가 일어나기도 한다. 스스로 성취한 일의 회상이 매우 감동 깊은 순간을 자아낸다.

사례 1

(ㅂㅇㅇ, 자율전공, 2011) 성취스토리

1.

고등학교 3학년 때 담임선생님께서 면학 분위기를 조성하기 위해 점심시간과 저녁 시간 때 밥을 먹고 난 뒤 남는 시간을 자습을 하는 것이 어떻겠냐고 제안을 하셨습니다. 반 친구들과 상의를 해서 자습을 하기로 했습니다.

처음 자습을 하기로 한 날은 친구들이 모두 자리에 앉아 열심히 공부를 했지만 시간이 점점 흐를수록 분위기도 엉망이 되었지만 저는 자리에 남아 제 목표를 성취하기위해 공부를 계속 했습니다. 친구들과 이야기하고 싶었지만 이러한 유혹을 꾹 참고 제 꿈을 위해 노력했습니다. 어느 날 선생님께서 점심시간 때 교실에 오셨는데 반에서 다섯 명 정도만 자습만 해서 놀라셨고 자습을 하고 있던 친구들에게 너희가 이런 노력으로 어떤 일을 한다면 반드시 성공할 것이라고 자신감을 주셨습니다.

저는 이 일을 계기로 제가 원하는 일이 있다면 어떠한 시련과 고난이 있더라도 노력해야겠다는 생각과 저에게 자신감을 갖게 되었습니다.

2.

저는 역사 쪽에 관심이 부족한 편이었습니다. 역사가 중요한 것은 알고 있었지만 그것이 실행으로 옮겨지지 않았습니다. 그 때문인지 내신성적에서도 좋은 등급을 받지 못했고 6등급을 받았습니다. 국사의 필요성을 못 느끼던 저에게 국사 선생님께서 보여주신 다큐멘터리를 보고 국사의 필요성을 느꼈고 한참 대두되던 독도문제도 나처럼 국사에 무지하면 독도를 일본에 빼앗기지 않을까라는 걱정이 앞섰습니다. 이렇게 국사의 중요성을 몸과 마음으로 실감한 저는 국사 공부를 했습니다. 물론 한술에 배부르진 않았지만 점차 노력한 덕에 한국근현대사를 1등급으로 향상시켰고 담임선생님과 근현대사 선생님의 칭찬과 학력우수상이라는 쾌거를 이뤄냈습니다.

3.

저는 고등학교 때 교지 편집부 활동을 했습니다. 제 성격이 꼼꼼한 편이라 회의 내용이라든가 담당 선생님께서 말씀하신 내용을 적어놓는 편이었습니다. 교지 출판이 며칠 남지 않았을 때 선생님께서 회의를 하시면서 마지막 점검사항을 적어놓은 쪽지를 잃어 버리셨습니다. 부원들과 선생님이 걱정을 하고 있을 때 제가 메모장에 기록해 놓았던 기억이 떠올랐습니다. 그래서 제가 기록해 놓은 쪽지를 선생님께 전해드리니 선생님께서는 정말 고마워하셨고 제가 아니었으면 마감이 늦어졌을 것이라며 칭찬을 아끼지 않으셨습니다. 저는 제가 사소한 것도 메모하는 습관에 뿌듯했고 저도 편집부에 도움이 됐다는 사실에 뿌듯했습니다.

4.

저는 조금이라도 늦는 것보다 여유 있게 가는 것을 선호하는 편입니다. 그렇기 때문에 저는 항상 일찍 가서 제가 못했던 다른 공부나 숙제를 해놓는 편이었습니다. 그러던 중 새 학기가 시작될 무렵 선생님께서 지각을 하지 않고 교실에 일찍 와 늦는 친구들의 이름을 적는 일을 할 사람을 추천하라고 하셨습니다. 그러자 반 친구들이 저를 추천했습니다. 그때의 기분은 뿌듯하고 자랑스러움을 느꼈습니다. 저는 지각을 하지 않고 제가 맡을 일을 성실히 수행했고 그 결과 담임선생님의 칭찬과 선생님께서 저를 반을 위해 희생하고 성실히 일을 했으므로 봉사상을 주셨습니다. 저는 제가 다른 친구들보다 성실하고 부지런하다는 것을 느끼게 되었습니다.

5.

저는 문서 작업을 잘 하지 못했습니다. 그렇기 때문에 저는 제가 원하는 문서를 작성하지 못했고 발표준비나 수행평가 제출 때 항상 아쉬움이 남았습니다. 그래서 저는 제 시간을 투자해서 컴퓨터 강습을 받았습니다. 그러면서 제가 스스로 복습을 하는 등 워드나 엑셀을 능률적으로 할 수 있게 노력했습니다. 그러자 점차 문서 작성 능력이 향상되었고 제가 원하는 문서 작성을 할 수 있었습니다. 과제 발표 능력이 향상되었고 제가 어려워하던 부분을 제 노력으로 쉽게 바꿀 수 있다는 것에 대한 뿌듯함을 느꼈습니다.

6.

저는 독서를 좋아했습니다. 시간이 날 때 틈틈이 책을 읽었고 지금까지 읽어오고 있습니다. 독서를 하면서 기본 상식이 풍부해진 것 같았고 저에게 삶의 교훈을 주었습니다. 책은 읽는다는 의미보다 양식을 쌓아간다는 의미로 읽어 나갔습니다. 그 결과로 학교에서 시행한 독서기록장 평가에서 장려상을 독서경시대회에서는 우수상을 받았습니다. 이 상을 받았을 때 저는 어떠한 상을 받았을 때보다 기쁘고 뿌듯했습니다. 독서를 하면서 조금씩이라도 꾸준히 하는 습관을 기르게 되었고 무엇보다도 끈기를 배우게 되었습니다.

7.

저는 ○○대학교를 KU자기추천이라는 입학사정관 전형으로 입학했습니다. ○○대학교에 입학하고 싶었지만 담임선생님과의 상담을 통해 제가 진학하기에는 저의 점수가 부족하다는 것을 알게 되었습니다. 하지만 입학전형을 알아보던 중 저는 인성을 바탕으로 전공하고자 하는 영역에 대한 열정과 지적 탐구력, 그리고 의사소통력을 지닌 인재를 원하는 KU자기추천이라는 전형을 알게 되었습니다. 이 전형이라면 제가 왜 이 학교에 필요한 인재인지 말할 수 있는 기회라고 생각했고 서류심사에 1차로 합격한 뒤 제가 주어진 마지막 기회라고 생각하고 후회 없이 면접 준비를 했고 면접을 봤습니다. 그 결실로 입학할 수 있었고 제가 원하는 것이 있고 제가 노력을 한다면 원하는 것을 이룰 수 있다는 것을 깨달았습니다.

사 례

(ㅈ○○, 자율전공, 2011) 성취스토리

성취스토리 〈1〉 교내 표어 짓기 최우수상 수상

초등학교 6학년 때 독서의 계절을 맞이하여 다양한 글짓기 대회가 있었다. 교내에서 표어 짓기, 운문, 산문, 독후감 중에서 하고 싶은 활동 하나를 선택해서 작품을 제출해야 했다. 나는 항상 시를 지어 작품을 제출했는데 상을 받아본 적이 두세 번밖에 없었다. 이번에는 새롭게 표어 짓기에 도전하였다. 그때 당시 한창 로또복권이 유행할 때였다. 나는 로또복권에 착안하여 "로또복권 인생대박, 독서습관 지식대박" 이렇게 표어를 지었다. 도화지를 잘라 포스터물감으로 예쁘게 표어를 적은 뒤 제출하였다. 이 작품을 제출하자 선생님이 기발하다고 하셨고 교내 대회에서 최우수상을 받았다.

성취스토리 〈2〉 3년 장학생

중학교 때의 철저한 내신관리로 인해 좋은 조건으로 고등학교에 진학하였다.

초등학교에서 중학교로 진학할 때 반편성 배치고사라는 시험을 쳤다. 반편성 배치고사를 통해 입학성적의 4등까지만 장학금을 주었다. 나는 학원에서 반편성 배치고사를 준비했었는데 반편성 배치고사 관련 문제집만 방학 동안에 13권이나 풀었다. 자신감이 있었던 나는 배치고사를 본 후 내가 장학금을 받을 수 있다고 생각했다. 하지만 나의 입학성적은 6등이었다. 단상 위에서 입학식 때 장학금을 받는 친구들을 보며 이번엔 못 받아서 아쉽지만 고등학교 때에는 반드시 받고 입학할 것이라고 다짐했다. 그때의 나와의 약속으로 중학교 때 내신관리를 철저히 하였다. 그 결과 고등학교에 진학할 때 3년 장학생으로 입학하는 쾌거를 이루었고 고등학교 입학성적으로 인해 우리 지역에서 주는 영주시 인재육성 장학금도 받게 되었다.

성취스토리 〈3〉 우수독서노트 및 다독왕 수상

평소에 책읽기를 좋아하는 나는 공부가 잘 안되거나 힘든 일이 있을 때마다 책을 읽었다. 책을 그냥 읽기만 하는 것이 아니라 읽은 뒤 독후감을 꼭 남겼었는데 나의 감상만 적다보니 너무 무료한 것 같아 다양한 독후감 적기를 시도해 보았다. 주인공에게 편지도 써보고 내가 기자가 되어 관심 있는 책속의 인물에게 인터뷰를 해서 기사내용으로 써보기도 하고 친구에게 이 책을 소개하는 편지도 써보고 책을 광고하는 글도 써봤다. 교내에서 독서노트를 효율적으로 활용한 학생과 많이 읽은 학생에게 상을 주었는데 나는 우수독서노트 및 다독왕 상을 모두 탔다. 아직까지 그 독서노트를 보물처럼 간직하고 있다.

성취스토리 〈4〉 수학점수 향상과 슈프림팀 공연

나는 가수 다이나믹듀오의 팬이였다. 신나는 힙합 음악을 좋아했는데 고 2때 다이나믹듀오가 군대를 간다고 했다. 다이나믹듀오의 뒤를 이을 후속으로 슈프림팀이 데뷔했다. 슈프림팀의 노래는 다이나믹듀오의 노래보다 더 신이 났고 DO라는 곡은 가사 또한 긍정적이어서 공부하느라 지친 나에게 피로회복제와 같은 존재였다. 잠이 올 때 슈프림팀의 노래를 들으면 몸이 울렸고 나를 깨웠다. 고등학교 2학년 2학기 중간고사가 추석이 끝나고였다. 추석 연휴까지 공부해야 한다는 생각에 지쳐있었는데 중간고사시험이 끝나는 바로 다음 토요일 서울에서 슈프림팀이 콘서트를 한다는 소식을 들었다. 나는 엄마께 가고 싶다고 했다. 하지만 엄마께서는 공부가 중요한 나이에 무슨 콘서트냐고 반대가 심하셨다. 나는 엄마께 슈프림팀을 보고 오면 더 힘이 생겨서 잘 할 수 있을 거라고 말했다. 엄마와 난 팽팽히 대립하다가 나의 취약점인 수학을 80점 이상 맞으면 보내주기로 합의를 보았다. 수학점수가 항상 60점대였던 나는 수학을 정말 열심히 반복 공부하여 결국 82점이라는 점수를 받았다. 중간고사가 끝나고 난 바로 다음날 한 번도 혼자서 가본 적이 없던 서울에 버스를 타고 가서 공연장에 도착해 슈프림팀 공연을 봤다.

성취스토리 〈5〉 열공클럽 1기에 선발되다

고등학교 때 영어성적이 2학년이 되자 슬럼프가 찾아왔다. 점수가 오르지 않고 점점 더 하락했다. 인터넷 강의를 들으려고 했으나 다른 강의들도 듣고 있어서 엄마께 시켜달라고 하기가 너무 죄송했다. 우연히 공부 커뮤니티에서 경○○ 영어 선생님의 영어강좌 이벤트가 열린다는 것을 알았다. 열공클럽이라는 이름하에 무료로 영어 공부법을 설계해주고 교재는 물론 강의까지 들을 수 있는 기회였다. 슬럼프를 겪고 있었고 강의가 듣고 싶었던 나는 나를 위해 있는 기회라고 생각했다. 이 기회를 놓치고 싶지 않았다. 나는 지원서를 쓰기 전에 어떤 학생을 뽑고 싶은지 알기 위해 경○○ 선생님에 대한 정보를 모았다. 정보를 찾다보니 경○○ 선생님과 나의 공통점을 발견하였다. 조그만 시골에서 큰 지역의 고등학교로 진학하여 나보다 더 잘하는 친구들이 많다는 걸 느꼈고, 고등학교시절 시골에서의 중학생 시절의 나는 우물 안의 개구리였다는 사실을 깨달았다는 것이다. 나 또한 경○○ 선생님과 같은 시골에서 중학교를 보내고 큰 지역의 고등학교로 진학하여 잘하는 많은 아이들 속에서 허덕이고 있었다. 나는 지원서에 위와 같은 사실로 경○○ 선생님과의 공감대를 호소했고 도움이 필요하다고 했다. 결국 나는 열공클럽 1기가 되어 경○○ 선생님의 영어 프로그램을 따라가게 되었다.

성취스토리 〈6〉 운전면허 합격

고등학교 3학년 수능이 끝나고 3년 동안 공부한 것을 보상이라도 받듯 놀러 다니느라 바빴다. 하지만 부모님께서는 놀기보다는 운전면허를 취득하라고 권유해주셨다. 큰 차를 운전해야 한다는 두려움도 있었지만 재밌겠다라는 기대감이 더 컸다. 자동차학원을 등록하고 처음 간 날 강사님이 바로 자동차 운전석에 나를 앉혔다. 막상 운전대를 잡고 앉아보니 떨렸다. 너무 떨려서 안전띠를 매는 것조차 힘이 들었다. 하지만 시동을 걸고 출발해보니 속도는 10밖에 나지 않지만 내가 이차를 운전한다는 자체가 신기했고 너무 재미있었다. 강사님도 첫날 치곤 잘한다고 칭찬해 주셨다. 칭찬도 듣고 재미도 있으니 나는 하루에 3시간씩 연습하며 의무 연습시간을 빠르게 채워갔고 시험 당일 기능시험 100점을 받고 필기시험 93점으로 1종 보통 운전면허증을 취득했다.

성취스토리 〈7〉 학생복지위원회 면접 합격

입학하기 전 우리학교 분위기 탐색을 위해 학교 관련 인터넷카페에서 글을 읽는데 우리학교 학생들의 자존감이 낮았고 등록금이 학생들의 복지를 위해 쓰이지 않고 서울캠퍼스로 흘러 들어간다는 글을 보았다. 그 사실은 실로 충격적이었다. 내가 학생복지위원회에 들어가서 학생들의 복지 향상을 위해 노력하고, 이제 내 학교니까 내가 바꾸고 싶다는 생각이 들었다. 학생복지위원회에서 부장단을 모집한다는 공고를 확인하고 복지위원회에 찾아갔는데 운영위원장님이 안계셨다. 연락처를 남겨 주면 연락을 주신다는 말을 듣고 일주일을 기다렸는데 연락이 오지 않았다. 내가 직접 운영위원장님께 전화를 해서 연락이 오지 않았다고 말하니 사업을 진행하던 도중 연락처를 잃어버려 연락을 못했다고 하셨다. 면접 날짜를 잡았고 면접 때 우리학교 학생들의 자존감을 높이기 위해 노력하겠다고 말했다. 다음날 합격 통보를 받았고 하고 싶어 하는 적극성과 포부를 좋게 봐주신 것 같았다.

토의 1: 위의 세 성취스토리를 근거할 때,

1. 사례 1, 2는 어떤 재능(소질)을 가지고 있는가?

2. 사례 1, 2의 기질적 특징을 찾아보라.

3. 사례 1과 사례 2의 강점인자가 어떻게 다른가?

토의 2: 상기 성취스토리의 내용을 근거로 어떤 일맥(일거리, 직업)을 가지고, 전공설계를 어떻게 하는 것이 가장 적절한지 알아보자.

토의 3: 상기 두 학생의 진로사고 개선과 성격유형의 장단점에 대해 알아보자.

3.2.4 나의 강점 분석과 전공설계

◆ 자기 자신의 강점에 대한 성공적인 분석은 전공설계의 성공의 열쇠이다.

◆ 자기 자신의 개성화 강점과 일치하는 전공설계는 대학 4년 동안 놀라운 내적 변화를 경험할 기회를 갖게 될지도 모른다.

(1) 소질 찾기 열쇠[44)]

■ 자신의 강점을 찾기 위한 10가지 요령

① **자신의 전공 타이틀을 버린다:** 예를 들어 경영학 전공을 하겠다고 생각한다면, '나는 경영학 전공 학생'이라고 단정 짓지 말고, '나는 경영학 전공을 할 수도 있는 학생'으로 정의하도록 한다. 그러고 나서 잘할 수 있는 다른 전공 혹은 일거리들이 없는지 생각해본다. 즉, 자신에게 어떤 소질이 있는가를 생각하면서 리스트를 만들어 나가는 것이다.

② **가장 자신이 있으며 즐겨 할 수 있는 종류의 일(전공)을 생각해 본다:** 평소 내가 취미나 필요에 의해서 해 보던 일(예를 들어, 책 정리, 꽃 키우기, 스키 타기, 드레스 만들기, 음악 듣기 등의 일)을 생각해본다. 그런 일을 할 때 어떤 소질이 필요했었는지를 알아내 리스트를 작성한다.

③ **자신이 무엇을 잘하는지 스스로에게 물어본다:** '사람들이 내게 무엇을 잘한다고 말했지? 그 중에 소질과 관련된 것은 뭘까?' 발견된 것을 리스트에 추가한다.

44) Bolles 번역서(조병주 저) 『당신의 파라슈트는 어떤 색깔입니까?』를 참조하여 자기 자신의 재능과 일치하는 전공설계를 하기 위한 방법을 구성하였다.

④ **무엇이 자신을 신나게 했는지 생각해본다:** 무슨 일인가가 당신을 신나게 했다면, 그것은 당신이 그 일을 특별히 잘했었음을 뜻하는 것이다. 신나지 않은 일을 잘해냈다는 것은 엉터리 말이다. 무엇이 당신을 신나게 하는가? 살아가는 데 있어서 신이 났던 일이나 과제를 나열해본다. 그런 다음 힘이 나게 하는 일이나 과제를 할 때 어떤 소질을 사용했는지 생각해본다. 이렇게 발견된 소질을 리스트에 적고, 앞머리 부분에 중요한 소질임을 나타내는 플러스(+) 표시를 한다. 반대로 특별한 이유 없이 힘이 쭉 빠지고 늘어지게 되는 때가 언제였는지 생각해본다. '내가 무슨 일을 할 때 힘이 빠졌지? 그 때 나는 어떤 행동을 했지? 또 무슨 소질을 발휘하고 있었지?' 하고 말이다. 이렇게 알아낸 소질을 적고 이번에는 앞에다 마이너스(-) 표시를 한다. 이런 소질은 서툴거나 혹은 당신이 싫어하는 것이기 때문에 될 수 있으면 앞으로 사용하지 않는 게 좋다.

⑤ **과거에 자신이 정말 좋아했던 일이 무엇이었는지 스스로에게 물어본다:** 당신의 취미는 무엇인가? 천문학? 책읽기? 우주과학? 아니면 자전거 타기? 새 관찰하기? 보트 또는 카약[45] 타기? 책 읽기? 동굴 탐험? 동전・우표・인형 등 수집하기? 요리하기? 춤 추기? 낚시하기? 등산? 자신의 취미를 생각한 후 다시 물어본다. 취미를 즐길 때 특별히 발휘했던 재능이 뭐지? 무엇 때문에 그것이 내 취미가 됐지? 결론적으로 자신이 어떤 종류의 소

---

45) 레크리에이션과 경기를 목적으로 한다. 그린란드의 에스키모에게서 유래되었으며, 후에 알래스카 에스키모가 이를 사용했다. 카약은 고물과 이물이 뾰족한 모양을 이루고 있으며, 용골(龍骨)이 없고, 선수가 앉아서 노를 젓는 부분을 제외하고는 전체가 막혀 있다. 한편 선수는 정면을 향해 앉아 노의 양끝에 나무판자를 붙인 더블패드를 사용해 젓는다. 카약은 보통 1명이 앉을 수 있는 좌석을 만들지만 2~3명의 좌석을 만들기도 한다.

질을 잘 활용했는지, 그런 것들을 좋아했는지에 대해서 살핀 다음 리스트에 추가한다.

⑥ **평소 무엇과 관계된 소질을 즐겨 사용하고 있었는지 스스로에게 묻는다:** 사람과 관계된 기술? 물건과 관계된 기술? 아니면 정보나 지식과 관계된 기술? 어떤 것과 관계된 것인지를 잘 살피고 찾아낸 후 리스트에 추가한다.

⑦ **자신만이 타고난 감각적 재능이 있었는지를 살펴본다:** 당신의 눈은? 사물 감지능력은 어떤가(색채 감각이 뛰어나거나 얼굴 표정, 아픈 몸짓 등에 민감한가)? 당신의 코는? 후각 능력은 어떤가(은근히 풍기는 냄새를 특별히 잘 맡을 수 있는가)? 당신의 혀가 알아내는 맛의 감각은 어떤가(특별한 맛 식별에 뛰어난가)? 당신의 감지 능력은 어떤가(공기 흐름, 온도 변화에 민감한가)? 당신의 인지 능력은 어떤가(연관성, 불협화음을 잘 감지하거나 기억력이 뛰어난가)? 이런 것들이 있으면 리스트에 추가한다.

⑧ **전용성 소질[46]을 찾아주는 단어 목록에서 순간적으로 "내 것이다"라고 느껴지는 것(체크한다)은 어떤 것들인가?:** 자신이 즐기는 독특한 소질이라고 믿어지면 단어 앞에 별표를 한다. 또한 자신이 특별히 잘 해내는 소질을 뜻하는 단어가 보이면 원으로 테를 두른다. 마지막으로 체크나 별표, 원으로 둘러쳐진 단어가 어떤 것들인지 살펴본다. 그런 다음 세 가지 표시가 동시에 되어 있는 것에 특별히 주시한다. 이것들을 리스트에 추가한다.

46) 인재학습 참조할 것

■ 전용성 소질을 찾아주는 단어 목록: achieving 달성하기, acting 활동하기, adapting 적응하기, addressing 연설하기, administering 관리하기, advising 조언하기, analyzing 분석하기, anticipating 예감하기, arbitrating 중재하기, arranging 배열·정리하기, ascertaining 분명히 하기, assembling 조립하기, assessing 감정하기, attaining 획득하기, auditing 회계·감사하기, budgeting 예산짜기, building 짓기/세우기, calculating 계산하기, charting 도식화하기, checking 점검하기, classifying 분류하기, coaching 코치하기, collecting 수집하기, communicating 의사소통하기, compiling 편집하기, completing 완성하기, composing 짓기/작곡하기, computing 계산·산정하기, conceptualizing 개념화하기, conducting 지휘하기, conserving 보존하기, consolidating 통합하기, constructing 건설하기/세우기, controlling 통제·창작하기, coordinating 조정하기, coping 대처해 나가기, counseling 상담하기, creating 창조·창작하기, deciding 결심하기, defining 정의내리기, delivering 전하기/진술하기, delivering 전하기/진술하기, designing 디자인하기, detailing 상세히 다루기, detecting 탐지하기, determining 결정하기, developing 개발하기, devising 고안해내기, diagnosing 진단하기, digging 파내기/발굴하기, directing 지시하기/이끌기, discovering 발견하기, displaying 드러내 보이기, disproving 반증하기, dissecting 해부·해석하기, distributing 분배·분할하기, diverting 전환하기, dramatizing 연극화하기, drawing 그리기, driving 운전·추진하기, editing 편집하기, eliminating 제거하기, empathizing 강조하기, enforcing (법률 등)집행하기, establishing 세우기/확립하기, estimating 추산하기, evaluating 평가하기, examining 조사하기, expanding 확장하기, experimenting 실험하기, explaining

설명하기, expressing 표현하기, extracting 추출해 내기, filing 정리 · 보관하기, financing 자금대기, ☆ fixing 고치기[47], following 따르기, formulating 공식화하기, founding 설립하기, gathering 모으기, getting 얻기, giving 주기/전하기, guiding 안내하기, handling 처리하기, having responsibility 책임지기, heading 앞장서기, helping 돕기, hypothesizing 가설화하기, identifying 확인하기/찾기, illustrating 예시하기, imagining 상상해 내기, implementing 실행 · 이행하기, improving 개선하기, improvising 대처하기, increasing 증가시키기, influencing 영향 주기, informing 전하기/알리기, initiating 시도하기, innovating 혁신하기, inspecting 검사하기, inspiring 영감주기/고무하기, installing 설치 · 설비하기, instituting 설립 · 제정하기, instructing 지시하기/지도하기, integrating 통합 · 종합하기, interpreting 통역 · 해설하기, interviewing 면접하기, intuiting 직관적으로 판단하기, inventing 발명하기, inventorying 목록작성하기/재고 정리하기, investigating 조사하기, judging 판단 · 판정하기, keeping 유지하기, leading 이끌기/선도하기, learning 배워 익히기, lecturing 강의하기, lifting 향상시키기, listening 듣기, logging (일지 등) 기록하기, maintaining 유지 · 보전하기, making 만들어 내기, managing 관리 · 경영하기, manipulating 조작하기, mediating 중재하기, meeting 대처하기/만나기, memorizing 기억하기, mentoring 지도하기, modeling 모델화하기, monitoring 모니터하기, motivating 동기 부여하기, navigating 항해하기/조종하기, negotiating 협상하기, observing 관찰하기, obtaining 획득하기, offering 제의하기, operating 작동시키기, ordering 명령하기,

47) 저자가 즐기는 독특한 소질

organizing 조직하기, originating 창작하기, overseeing 감독하기, painting 그림 색칠하기, perceiving 인식하기, performing 공연하기/성과 올리기, persuading 설득하기, photographing 사진 찍기, piloting 안내 · 조정하기, planning 계획하기, plying 실행하기, predicting 예측하기, preparing 준비하기, prescribing 처방하기, presenting 발표하기/소개하기, printing 인쇄하기, problem solving 문제해결하기, processing 가공하기/진척시키기, producing 생산해 내기, programming 프로그램 만들기, projecting 입안하기/설계 · 계획하기, promoting 촉진하기, proof-reading 교정보기, protecting 보호하기, providing 준비해주기, publicizing 알리기/홍보하기, purchasing 구매하기, questioning 질문하기, raising 끌어올리기, reading 읽기, realizing 실현시키기, reasoning 추론해내기, receiving 수령하기, recommending 추천하기, reconciling 화해시키기, recording 기록하기, recruiting 모집하기, reducing 감소시키기, referring 참조하기/조리하기, rehabilitating 회복시키기, relating 관계짓기, remembering 기억하기, rendering 번역하기/표현하기, repairing 수리하기, reporting 보고하기, representing 나타내기/대표하기, researching 연구 · 조사하기, resolving 풀기/해소하기, responding 답하기/반응 보이기, restoring 회복 · 복구시키기, retrieving 회수 · 보충하기, reviewing 검토하기, risking 모험하기, scheduling 스케줄 잡기, selecting 고르기/선택하기, selling 판매하기, sensing 감지하기, separating 분리시키기/나누기, serving 시중들기/봉사하기, setting 자리잡기/확정하기, setting-up 구축하기/설립하기, sewing 꿰매기, shaping 형상화 · 구체화하기, sharing 나누기/분담하기, showing 보여 주기, singing 노래부르기, sketching 스케치하기, solving 풀어내기, sorting 분류 · 정리하기,

speaking 이야기하기, studying 공부・연구하기, summarizing 요약하기, supervising 감독하기, supplying 공급해주기, symbolizing 상징화하기, synergizing 상승적으로 결합하기, taking instructions 지시받기/수행하기, talking 대화하기, teaching 가르치기, team-building 팀 만들기, telling 말해주기, tending 돌보고 지키기, testing&proving 검사해서 밝히기, training 훈련시키기, transcribing 옮겨 적기, translating 번역하기, traveling 여행하기, treating 대접하기/교섭하기, trouble-shooting, 문제해결하기, tutoring 개인 교습하기, typing 타자 치기, umpiring 심판 보기, understanding 이해하기, understudying 수습하기, undertaking 떠맡기/인수하기, unifying 편성・구성하기, uniting 합하기/묶기, upgrading 올리기/개선하기, using 쓰기/사용하기, utilizing 활용하기, verbalizing 언어로 나타내기, washing 씻어내기, weighing 심사숙고하기, winning 이기게 하기, working 노력하기/행하기, writing 글로 나타내기.

⑨ **과거에 발휘했던 재능이 무엇이었나 생각한다:** 과거 경험하고 공부하던 학교 혹은 아르바이트 하는 곳에서 문제점을 어떻게 해결했는지, 그때 사용했던 재능이 무엇이었는지 돌이켜본다. 예를 들어, 수업 시간에 질문을 잘했다든지 그때 어떻게 그런 생각을 하게 되었는지, 아르바이트를 할 때 남과 다른 아이디어를 냈다든지, 과학탐구에서 새로운 작품을 고안해냈다면 어떤 재주로 그렇게 했는지, 이 밖에 무엇을 어떻게 이용해서 그렇게 했는지 생각하고 관계된 소질을 찾아낸다. 그리고 리스트를 더한다.

⑩ **사는 동안 가장 매력을 느꼈던 일은 무엇인가? 직접 만났거나 오래전부터 알고 있는 친척이나 이웃 혹은 잡지 등에서 본 모든 사람을 대상으로 그들의 일맥(일거리 혹은 직업)을 관찰한다.**

아마도 꼭 하고 싶은 혹은 관심을 갖게 되는 일맥을 가진 사람(추적사례에 해당)이 있었을 것이다. 그 일맥을 갖기 위해서는 어떤 재능과 기술이 필요한지 생각해본다. 자신에게 그와 같은 재능이나 소질이 있는지 살핀다. 발견되면 리스트를 적는다.

(2) 자기 자신의 강점 분석[48)]

- 자기 자신의 재능 발견은 강점 분석에서 시작된다.
- 자기 자신의 성취스토리로부터 강점 분석이 이루어질 수 있다.
  - 분석 양식 이용

  성취스토리를 분석하는 데 다음의 양식을 이용할 수도 있다.

<table>
<tr><th colspan="3">전용성 강점 추출 양식</th></tr>
<tr><td colspan="3">성취스토리 번호___________</td></tr>
<tr><th>성취한 일을 왜 했는가?</th><th colspan="2">성취의 일이 무엇을 대상으로 했는가?</th></tr>
<tr><td>대가, 기쁨, 성취감, 문제의 해결, 어려움, 도전과 극복, 기타.</td><td colspan="2">물건(things), 자연(nature), 사람(people), 동물(animal), 정보(information)나 데이터(data), 지식(knowledge), 아이디어(idea), 기타. 2~3개가 중복되기도 한다. 이때는 대상 %를 살핀다.</td></tr>
<tr><th>강점이 발휘된 상황이 어떠한가?</th><th colspan="2">사람들과 어떤 관계 하에서 일했는가?</th></tr>
<tr><td>개방적 상황인가 아닌가, 과업목표/문제가 분명한가 아닌가. 자원의 제한이 심한가. 문제가 복잡한가. 시간적 급한가 아닌가. 긴장상태인가 아닌가. 지시감독을 받는가 아닌가. 기타.</td><td colspan="2">협력적인지, 추종적, 또는 이끄는지, 단독적인지, 여럿이 하는지, 타협적/협상적인지(정치적), 기타.</td></tr>
<tr><th colspan="3">어떤 재능(소질)이 사용되었는가?</th></tr>
<tr><td colspan="3">언제나 '동사형'으로 표현된다. 사람을 설득하는 능력이 돋보이면 '설득하기'로 나타낸다. 한 스토리에 여러 개의 재능/소질동사가 발견될 수 있다. 하지만 중요도가 같은 것은 아니다. 있는 대로 모두 적되 중요도 순으로 나열한다.</td></tr>
<tr><td>1.</td><td>2.</td><td>3.</td></tr>
<tr><td>4.</td><td>5.</td><td>6.</td></tr>
<tr><td>7.</td><td>8.</td><td>9.</td></tr>
<tr><td>10.</td><td></td><td></td></tr>
<tr><th colspan="3">발견된 요인들을 이용해서 자기소개의 문장을 짓는다.</th></tr>
</table>

48) 인재학습의 전용성 소질에 관한 부분 참조

– 강점 종합 양식

<table>
<tr><td colspan="3">전용성 강점 종합 양식
모든 성취스토리의 분석 결과를 유기적으로 의미 있게 종합한다.</td></tr>
<tr><td>반복적인 동기 및 목적</td><td colspan="2">활동 대상 특징</td></tr>
<tr><td></td><td colspan="2"></td></tr>
<tr><td>능력 발휘의 상황적 특징</td><td colspan="2">대인 관계적 특징</td></tr>
<tr><td></td><td colspan="2"></td></tr>
<tr><td colspan="3">반복적인 재능적 소질</td></tr>
<tr><td colspan="3">가장 빈번히 즐겨 쓰인 재능동사를 10개 이내에서 중요도에 따라 적는다.</td></tr>
<tr><td>재능1.</td><td>재능2.</td><td>재능3.</td></tr>
<tr><td>재능4.</td><td>재능5.</td><td>재능6.</td></tr>
<tr><td>재능7.</td><td>재능8.</td><td>재능9.</td></tr>
<tr><td colspan="3">강점의 패턴별 유형화</td></tr>
<tr><td colspan="3">발견된 많은 강점들 간에 유기적 관련성이 보이면 묶어본다. 즉 강점패턴(strengths pattern)을 형성한다.

〈이 부분이 대단히 중요하다.〉</td></tr>
</table>

- 교수·교사/가족/친구들에게 묻기 사례

사례 1

교수에게 묻기[49)]

안녕하세요. 교수님 저는 2004년 1학기 경력개발 E교시 수업의 경영대 4학년 조○○입니다. 저에게 큰 도움이 되었던 일을 교수님께 말씀드리고 싶어 글을 씁니다. 저의 경력을 위해 무언가를 시작하게 해준 이 수업을 시작하면서, 저에게 큰 영향을 주었던 작은 과정을 이야기하겠습니다.

저의 배경과 함께 설명을 드리자면, 저는 중학교 때 캐나다로 큰 꿈을 안고 혼자 유학을 가서 유명 사립 고등학교를 수석으로 졸업까지 하였으며, 귀국하여 ○○대를 다니게 되었습니다. 대학을 입학해서는 힘든 유학시절도 무사히 잘 끝낸 내가 못 할 일이 무엇이 있겠는가 하고 자신만만하였고, 스스로 학비와 용돈을 감당해야 하는 경제적인 이유로 각종 아르바이트를 하며 대학생활을 하였습니다. 학년이 올라가면서 어느덧 자신을 돌아보니, 대학을 들어와서는 열성적으로 공부를 하지도 않아 성적이 좋은 편도 아니었고, 아르바이트도 경력에 도움이 될 만한 것들은 별로 없어 취업을 과연 할 수 있을까 하는 불안감이 들기 시작했습니다. 요새 모든 대학생들이 취업에 어려움을 겪고 있지만, 저는 경제적인 이유로라도 꼭 취업을 해야만 하는 입장이어서 걱정이 앞서기 시작했습니다.

누군가가 어떤 회사가 좋다고 말하면 그곳에 한번 넣어볼까? 하고 인터넷 사이트에 한번 들어가 보고, 또 다른 누군가가 신문에 취업 관련 기사가 나왔다고 하면 뒤적거려 보고, 외국인 회사는 어떠냐는 이야기를 들으면 또 다른 생각을 해보는 등, 뚜렷한 목표나 목적 없이, 주변 사람들의 말에 흔들리고 있었던 상태였습니다. 또한 앞서 말씀드린 것처럼 자신감까지 상실한 상태라서 아무것도 안하고 있음에도 불구하고 너무나 큰 스트레스로 '취업'이라는 말만 들어도 머리가 아플 지경이었습니다.

49) 조병주 교수의 경력설계와 진로개발 강의노트

남들은 유학까지 갔다 왔으면서 무슨 부담을 느끼느냐고 말하곤 했지만, 워낙 취업난이 심각하게 느껴지고, 무엇보다 저와 캐나다에서 학교를 같이 다녔던 동창들은 대학까지 외국에서 마치고 나오는 입장이라 상대적으로 작아지는 느낌에 속상하기도 했습니다.

교수님의 수업을 들으면서 좋은 강의와 자료, 무엇보다 다른 학생들의 사례들을 보면서 제가 엉뚱한 곳에서 헤매고 있었다는 생각이 들었습니다. 그래서 불안감은 많이 사라지고 비교적 안정된 마음으로 다른 걱정과 고민들은 일단 제쳐두고 강의에서 나오는 단계들을 하나씩 따라가 보자고 생각했습니다.

다른 학생들의 사례를 통해 성취스토리를 쓰면 자신감도 생기고 진로 선택에 가장 중요한 단계를 시작하는 것이라는 확신은 생겼지만, 막상 시작을 하려니 막연한 생각이 들었습니다. 수업시간에 배운 것처럼 혼자 조용히 앉아서 어떤 것들을 쓸까 고민을 하는데, 7개가 아니라 애써서 겨우 3~4개 정도 쓸 수 있겠다는 생각이 드는 것이었습니다. 이렇게 되자 '역시 내가 대학생활을 헛되게 보냈구나' 하는 생각에 사로잡혀 다시 자신감을 잃는 것 같은 느낌이 들었습니다.

하지만 겨우 무언가를 하면 되겠다는 생각이 들었는데 포기할 수가 없어 주변 사람들에게 부탁을 해야겠다고 생각을 했습니다. 저는 우선 e-mail을 제가 주소를 아는 모든 사람들에게 보냈습니다. 그 사람들은 한국에 있는 가족과 친구들뿐 아니라, 전 세계에 위치하고 있는 고등학교 동창/유학생들, 중/고등학교 선생님들, 교회 목사님 등등 다양한 사람들이었습니다. 그들에게 다음과 같은 말을 했습니다.

1 . 나는 진로를 정하는 데에 있어 아주 중요한 길에 서있고, 다른 어떤 것들을 하기 전에 나를 파악하려 한다.
2. 한 가지라도 좋으니 나의 장점을 말해 주었으면 좋겠다. 왜 그렇게 생각하는지도 말해준다면 정말 큰 도움이 될 것이다.
3. 이러한 것을 요청하는 이유가 숙제나 보고서를 위한 것이 아니라 내 자신을 위한 일이다. 귀찮게 생각하거나 장난처럼 생각하지 말아주기를 부탁한다.

4. 무엇보다 글로 써서 답변을 해주면 좋겠다.

네 번째 이유는 사람들이 저를 떠올리면서 잠시라도 진지하게, 생각을 정리해서 말해주기를 바라는 마음에서였고, 제가 생각을 정리하는 데에도 수월하고, 시간이 지나도 많이 활용하게 될 중요한 자료가 될 것이기 때문이었습니다.

이러한 메일을 보낼 때에는 단 몇 통이라도 회답이 오면 좋겠다고 생각했는데, 생각보다 많은 답신 이메일이 왔습니다. 무엇보다 이렇게 받은 메일들이 저에게 놀라운 영향을 끼치는 것이었습니다. 사람들은 내 생각보다 구체적으로 나를 기억하며 생각하고 있었습니다. 그리고 스스로는 도저히 생각하지 못했던 일들을 나의 성취스토리로 보고 있었으며 그들이 직접 사례를 이야기해주지 않더라도, 이 사람이 왜 나를 이렇게 생각을 하는가를 생각해보니 떠오르는 일들이 많았습니다. 또한, 가족들은 주관적이기는 해도 가장 가까운 입장에서 이야기를 해주는 것이었습니다. 이러한 경험은 단순히 성취스토리를 쓰는 데에 도움을 줄 뿐만이 아니라, 제 자신을 파악하는 데 도움을 주는 것이었습니다. 그리고 이러한 과정에서 제가 얻은 가장 큰 수확은 자신감이었습니다.

이렇게 진행을 하고 수업시간에 배운 다른 단계들을 따라가면서 수업 후반기에 가니 수업 교재 속에도 친구 10명에게 장점 한가지와 장점이 드러난 행동 두 가지를 물어보라는 내용이 나오는 것을 보았습니다. 하지만 10명 이상, 친구뿐 아니라 가족선생님들까지 넓히면 정말 다양한 시각을 얻을 수 있다고 생각이 들어서 제가 한 일을 이렇게 간단하게 보고 드리는 것입니다. 저와 같이 성취스토리를 시작하는 것조차 망설인 만큼 많은 두려움을 갖고 있는 학생이 있을 것이라는 생각이 들어서입니다. 또한 성취스토리를 돌려가며 보는 것만큼이나 주변 사람들의 이야기와 스스로 쓴 성취스토리를 비교해가는 것도 큰 도움이 된다고 생각하여 추천하고 싶었습니다.

사례 2

아버지의 답변

사랑하는 딸에게: 먼저 22번째 생일을 축하한다. 나도 여기서 글을 보내야 하니? 그래! 나도 간단히 적어보마, 근데 장점만 써달라고 되어있더구나. 어쩌면 제일 가까운 사람이 제일 장점을 잘 알 수도 있고, 또 모를 수도 있을 것이다. 왜냐하면 어렸을 때부터 함께 자라, 남들도 다들 그렇게 자랄 것으로 생각하여 어떤 재능을 크게 생각하지 않을 수도 있고, 또한 바깥환경과 안의 환경이 달라 네 스스로가 행동을 달리할 수도 있어 잘 파악 할 수가 어려울 수도 있기 때문이다. 그러므로 나로서는 집안내의 행동을 보고 말할 수밖에 없으며, 오빠와 비교하며 느끼는 점들 등을 이야기할 수밖에 없을 것 같다. 그래서 특별한 장점보다 네가 지닌 성격 등을 지나간 기억을 되살려 생각나는 것들 중에 한두 개 말해봄이 어떨까 한다.

어렸을 때부터 너는 오빠보다 외향적이었다. 그러나 덜렁대기보다는 침착한 편이고, 외향적이긴 하나 적극적이기보다는 소극적, 외향적이라고 말할 수 있겠지. 예를 들어 어떤 무대나 혹 어떤 장소에서 스스로 손들고 먼저 나가서 노래나 발표 등은 하지 않았으나, 한참시간이 흘러 분위기를 파악하고 스스로 어떤 자신감을 느꼈을 때 그때 나서는 그런 스타일로 기억한다. 사람 사귀기를 좋아했으며, 제 주위에 친구들이 많았다. 여자친구도 있었지만 남자친구가 더 많았던 것 같다. 이것을 나는 네 성격이 여성 특유의 자질구레함(?)보다는 좀 더 통이 크고 내용이 미래지향적인 내용의 대화를 좋아하는 성격으로 이해했다. 나의 권유에 따라서 외국에서 생활을 오래 했기 때문에, 자세한 성장과정을 알 수는 없으나, 처음에는 공부가 안 되어 눈물지었으나 차차 극복하여 나중에는 수석으로 졸업까지 했고, 그리움에 몸부림을 쳤을 때도 있었고, 육체적으로도 정신적으로도 힘들 때가 많이 있었을 것이나, 스스로 유학생활 모두를 잘 이겨왔다.

너는 혼자서 할 수 있을 것이라고 굳게 믿은 바, 권유했던 것이고 또한 남들보다 지원이 별로 없었으나 스스로 끈기와 의지로써 어려운 환경을 현명하게 대처해 유종의 미를 거둔 이러한 전말이 너의 큰 장점이라고 생각한다. 보다 큰 장점은 많은 귀를 기울이고 최종 판단한다는 것이다. 한 인생의 삶은 단순하지가 않다. 사회구조가 복잡하고, 돌발 상황도 생기고 운도 따라야 하고….

이처럼 예측불허의 사회에서는 가능한 실수를 줄이는 것이 무엇보다 중요한데 너의 귀동냥하는 습관은 현대사회를 살아가는 큰 장점으로 생각한다. 마지막으로 내가 좋아하는 너의 장점은 정이 있다는 것이다. 정이란 인간이 살아가는데 중요한 요소 중에 하나다. 아무리 각박한 세상을 살아간다할지라도 최소한의 정이 없는 생활은 사막과 같은 건조한 삶이 아니겠느냐?

다시 한 번 네 생일을 축하하며… 대학을 졸업하는 올해, 마지막 피치를 올려 최선을 다해 매진하길 바란다.

아빠.

사례 3

고교 역사 선생님이며, 학생주임 선생님의 답변

Hi Grace:

I'm sorry to take a few days to reply to your email but it has been very busy here. Did you know that I'm coming to Korea in a few weeks? It would be nice to see you again. You have asked for one of the most difficult things to have honest input into your personality and areas of talent/ ability/giftedness. As I've thought about the time that we had you at NCC (and that I taught you – yes, I still remember you in Canadian history –you were one of the top students in the class!), here are my thoughts:

1. Grace is diligent in completing tasks and does them to a high level of quality.
2. Grace is able to express herself clearly and appropriately even when she is frustrated or angry about issues.
3. Grace is a person who makes others feel good about being around her.
4. Grace is a leader who is able to direct other people to a task that they may not be able to do without her help.
5. Grace confronts challenging situations with hard work and tenacity(look it up!)

I hope this helps! S. Sider

사례 4

고교 물리 선생님이자 교장 선생님의 답변

Greetings Grace:

Are you sure this is not for an assignment? Or for an autobiography that you are writing? Just kidding! I would be glad to give some feedback. By the way, thanks again for joining us for dinner when we were in Korea. We had a great time and enjoyed spending time with you. Both Karen and Gloria really enjoyed meeting you. Now, let me see:

- You are definitely a "people-person"
- Any career that you go toward should involve working with people
- You are considerate, friendly, make people feel comfortable in your presence
- I could see you being a teacher or a manager
- You have excellent ability to learn/ quick to understand
- I see you moving into a leadership role
- Your confidence allows you to take charge in situations
- Your caring/concern for others – valuable gift
- Potential of a social worker/ community support person?

These are the first things that come to mind. I think of others along the way. I will also keep praying for direction for you.

Sincerely, Mr. Lebold

사례 5

고교 베스트 프렌드이며 룸메이트의 답변

Hi Gracie:

I totally remember being in your shoes two years ago!!! This is a hard decision and a big change going from school to the "real" world. You're a strong girl, work hard and take your responsibilities seriously so I'm sure anything you put your mind to you will do well at: So here's what I think.

You've always been very mature for your age and gotten along well with people older than yourself (like me!). And you've definitely got a taste of the business world, you know there's ups and downs like in your father's business. I think you would do well in a business environment because you can think on your own and do your own work but also work well with other people. I'm not sure how you've done in your university courses but in high school you were good at both #'s and all the other stuff'– that's what makes this decision hard, I had the same problem. Sometimes you just need to get out there and "get your feet wet" – some of my friends did contract work where they had a job for a year – if they didn't like it they moved to something else or they could renew their contract. Another thing is if you get into a big company you have the opportunity to try different areas and different departments – and promotions are easier. That's what I've done and it made it easier to move around. On Monday I will be moving to a different office – more challenging work, bigger jobs and closer to Chris' band (we're going to buy a house in Cambridge where Jeanette used to live).

Apart from your talents, one thing you need to think about is what find of lifestyle you want – this too will affect the kind of jobs you look for and what area you want to be in(marketing/HR or finance/accounting). This is something I've learnt in my long two years working – you need balance. A lot of big city jobs will pay more but require longer hours– while you're single this isn't so bad but will become increasingly harder as you eventually get married and start a family. Work is important, contributing to society is important but friends and family are what will give meaning and joy to your life. Another thing to consider is consistency – some jobs are fairly consistent in workload and stress level. Others (like mine) require you to work very hard for 4 months of the year and then put in less hours during the summer and fall months. I like this because I'm busy in the winter during the bad weather but have more time to do the things I love In the summer. Another thing is whether you like doing the same kind of thing all the time or like variety. In my job I like the variety, I would get very bored doing the same thing over and over. Because I do financial statements and taxes I work with different clients in different situations all the time, everyday is different. You also have to think about whether you want to do more schooling – I've had to study for the past two years as well as work in order to get my designation (chartered accountant), some of my friends haven't had to do any more school. Some companies will require you to do a masters degree in business while you're working as well. I personally think that continuous learning is very healthy – it keeps your mind fresh and keeps you updated with changes in whatever field you're in.

I hope this all helps – I don't know if you've considered coming back to Canada to work but my door is always open for you.

Take care Sonya Vacher, BBA

(조○○, 경영, 2004)

사례 6

(ㅅ○○, 자율전공, 2011)

• 전용성 강점 종합 양식

<table>
<tr><th colspan="2">전용성 강점 종합 양식</th></tr>
<tr><th>반복적인 동기 및 목적</th><th>활동 대상 특징</th></tr>
<tr><td>내가 먼저 바뀌려고 했다.[50)]
사람들이랑 어울리고 이야기하는 것 무엇이든 즐기려고 한다.</td><td>모든 사람이 대상입니다.[51)]</td></tr>
<tr><th>능력 발휘의 상황적 특징</th><th>대인 관계적 특징</th></tr>
<tr><td>주장을 해야 할 필요가 있을 때 그리고 어떤 일을 진행하는데 잘못되어 감을 느끼고 이야기를 해야 할 때</td><td>소극성에서 적극성으로 변화하였습니다.</td></tr>
<tr><th colspan="2">반복적인 재능적 기술</th></tr>
<tr><td colspan="2">가장 빈번히 즐겨 쓰인 재능동사 3개를 중요도에 따라 적는다.
재능1. 말하기 (성취스토리번호: 1,3,4)
재능2. 즐기다 (성취스토리번호: 1,2,3,4)
재능3. 변화 (성취스토리번호: 1,2)</td></tr>
<tr><th colspan="2">강점의 패턴별 유형화</th></tr>
<tr><td colspan="2">* 발견된 많은 강점들 간에 유기적 관련성(짝지어진 것)이 보이면 묶어본다. 즉 강점패턴(strengths pattern)을 형성한다. 강점의 패턴별 유형 한 가지만 적어라.

모든 성취스토리 아니 나의 삶 자체는 즐기는 자가 가장 강한 자라는 것을 보여주는 지표이다. 어떤 일이건 즐기려고 했고 그랬기에 예전에 소극적인 내가 아닌 지금의 내가 있을 수 있었던 것 같다.</td></tr>
</table>

50) 전용성 강점에서는 소질동사형으로 적어야 함 : 이 경우는 '적응하기' 등과 같은 용어로 적는 것이 바람직하다.

51) 구체적으로 '이런 사람이다'라고 갑자기 얼굴에 화색이 도는 경우나 가슴이 뛰는 경우와 같은 사람을 적는다. : '토끼'에게 먹이를 주고 싶다든가 키우고 싶은 경우는 '토끼'를 적는다.

토의 1: 위 사례를 근거로 자기 자신의 재능을 찾기 위해 가족 혹은 멘토(전공교수, 상담교수, 전문가 등)에게 상담한 내용들을 구체적으로 알아보자.

토의 2: 위 사례를 근거로 자기 자신의 재능과 일치하는 일맥을 찾기 위해 가족 혹은 멘토(전공교수, 상담교수, 전문가 등)에게 상담한 내용들을 구체적으로 알아보자.

토의 3: 위 사례를 근거로 자기 자신의 전공설계를 찾기 위해 가족 혹은 멘토(전공교수, 상담교수, 전문가 등)에게 상담한 내용들을 구체적으로 알아보자.

3.2.5 나의 성장 멘토리뷰의 내용 및 사례 발표

◆ 나의 성장 멘토리뷰의 핵심은 가족, 친구 혹은 멘토(전공교수, 상담교수, 전문가 등)의 도움으로 자기 자신의 재능을 발견하고 자신의 진로사고 개선이다.

(1) 진로 사고 개선

- 부정적인 진로사고(dysfunctional career thinking)는 진로탐색, 진로선택이나 진로결정을 어렵게 하는 생각들로 의사결정 회피, 진로미결정, 무력감과 우울, 흥미저하, 진로준비활동 방해 등 전반적인 진로결정을 어렵게 하는 것으로 나타났습니다.
  - 진로 사고 개선을 위한 양식
    - 다음은 여러분의 부정적인 진로사고 개선을 위한 수행과제입니다.
      (참조: CTI 검사지와 진로사고검사 프로파일을 읽고 앞으로 있을 과제를 수행하면서 특별하다고 생각되는 경우만 기록하세요. 4가지보다 더 많을 경우 더 중요하다고 생각하는 것으로 바꾸어야 한다.)

문항번호	과거의 진로사고	새로운 진로사고

- 개인별 실천계획(Individual Action Plan: IAP)

(앞으로 과제 수행 혹은 각종 상담시 도움 받은 사례를 중심으로 기록하고 10가지가 넘을 경우 더 중요한 것으로 바꾸어야 한다.)

목표완수에 도움이 되는 활동	도움을 받을 수 있는 사람이나 필요한 정보	활동순서	날짜	활동완수 여부

(2) 나의 성장 멘토리뷰 양식

상담기간	항목	나의 성장	상담교수의 멘토	상담결과

- 상담기간 란은 나의 성장 관련 내용이 시작된 날부터 상담교수 혹은 멘토와 상담이 완료된 날까지의 기간을 적는다.
- 항목 란은 도움 받을 정보를 함축적으로 간략히 적는다.
- 나의 성장 란은 항목의 내용 중 성장 관련 내용을 적는다.
- 상담교수의 멘토 란은 상담교수와의 멘토 내용을 요약하여 적는다.
- 상담결과 내용 란은 항목에서 직접적으로 개선된 부분을 요약하여 적는다.

사례 1

사례 1: (ㅊ○○, 자율전공, 2011)

- 다음은 여러분의 부정적인 진로사고 개선을 위한 수행과제입니다.

문항 번호	과거의 진로사고	새로운 진로사고
30	나에게 맞는 직업을 몇 가지로 추릴 수는 있지만, 그 중 한 가지를 선택하는 일은 어려울 것 같다.	더욱 나에게 맞는 직업을 찾기 위해서 인재학습을 통해 찾아보고 객관적인 검사를 해보겠다.
36	나는 최선의 결정을 할 만큼 직업에 대해 충분히 알지 못할 것이다.	직업에 대해 알아 볼 수 있도록 관심 있는 분야에 관에서는 직접 방문을 통해 상담해본다.

• 개인별 실천계획(Individual Action Plan: IAP)

목표완수에 도움이 되는 활동	도움을 받을 수 있는 사람이나 필요한 정보	활동 순서	날짜	활동 완수 여부
직업과 관련된 객관적인 검사 해보기	건국대학교 취업정보센터 노동부 홈페이지			
봉사단체에 문의해보기 봉사단체에서 활동하는 봉사에 참여하기	굿네이버스 등 다양한 봉사단체 사이트			

토의 1: 나의 성장 멘토리뷰를 활용하여 나의 재능과 일치하는 전공설계를 할 수 있는지 알아보자.

Memo

제4장
작업선택을 위한 전공설계 로드맵 작성 방법

4

직업선택을 위한 전공설계 로드맵 작성 방법

4.1 미래산업에서 전공설계의 비전

◆ 자기 자신의 개성화 강점 + 목표(관심) 직업 요건 + 대학 교과과정의 체계화 하기.

◆ 무엇이 되고 싶은가? - 전공설계의 로드맵(MRM)을 통해서 나의 강점이 나타날 수 있는 리더십을 기르자.

◆ 어떻게 살고 싶은가? - 전공설계의 실천을 통한 멋진 삶을 살자.

4.1.1 전공설계의 총정리

(1) 대학생의 Major Road Map (MRM)

■ **목적:** MRM은 대학생으로서 앞으로의 계획이나 전략 등이 담긴 청사진(앞길에 대한 지도)을 의미한다. 로드맵은 주로 기업 · 국가 · 국제사회 등에서 어떤 일을 계획하거나 추진할 때 사용한다. 여기서는 개인 자신의 전공 설계의 미래에 대한 계획이나 전략[1)]이 담긴

청사진을 의미한다.

- 주요내용(나의 비전(Vision), 성공적인 대학생활, 나의 전공 설계)
  - 나의 정체성
    ① 내가 관심을 두는 것은 무엇이며 무엇을 할 때 가장 기뻐지고 즐거우며 힘이 나는가?
    ② 내게 있는 남다른 재능 및 장점은 무엇인가?
    ③ 나는 지금 어떤 환경에 처해 있는가?
  - 비전의 발견
    ① 4년, 10년, 20년, 30년 후에 나는 어떤 모습의 사람이 되고 싶은가?
    ② 나의 소원은 무엇인가?
    ③ 내가 추구하는 가장 중요한 가치는 무엇인가?
  - 성공적인 대학생활
    ① 공부(전공, 외국어 등)에 대한 목표 및 전략.
    ② 효율적인 시간 관리와 반성하는 생활태도.
    ③ 대학생활 중 하고 싶은 취미생활.
  - 4단계 전공설계
    ① 1단계: 4년 후
      - 주요목표–주요목표를 2~3개 구체적으로 설정한다.
      - 행동계획–목표를 실현하기 위한 구체적인 행동계획을 세운다.
    ② 2단계: 10년 후
      - 주요목표–
      - 행동계획–

1) 나 자신만의 독특한 전략은 리더십의 핵심이다.

③ **3단계**: 20년 후

- 주요목표-
- 행동계획-

④ **4단계**: 30년 후

- 주요목표-
- 행동계획-

■ 기타

– **MRM 설계요령**: '막연하게'가 아닌 구체적으로 계획해야 한다. '시간은 사람을 기다리지 않는다.'라는 말이 있다. 이 표현은 시간의 중요성을 함축하고 있다. 누구에게나 같은 시간이 주어지지만 그것을 어떻게 사용하느냐는 전적으로 개인의 몫이다. 그러므로 자신에게 주어진 시간을 좀 더 의미 있게 보내기 위해서는 구체적인 전공 설계에 관한 계획이 필요하다. 전공 설계의 방향을 설정하고자 고민하는 학생에게는 명확한 계획은 자신감을 가져다주며, 가고자하는 목표(전공설계)가 정해진다.

– **MRM 설계 시 유의사항**: 설계를 세울 때는 어떤 기준이 되는 법칙이 필요하다. 성공적인 인생을 살기 위해서도 법칙이 필요하다. 여기에 일곱 가지 인생의 법칙을 제시한다.

- 첫째, 너 자신을 알라 – 현명한 사람은 자기 자신을 아는 사람이고, 미련한 사람은 자기 자신을 모르는 사람이다. 자신을 안다는 것은, 자신의 장점, 단점, 위치, 역할을 안다는 뜻이다.
- 둘째, 심은 대로 거둔다 – 이것은 사람과 자연에 모두 적용되는 법칙이다. 선을 심으면 선을 거두고, 악을 심으면 악을 거둔다. 젊어서 심으면 늙어서 거두고 조상이 심으면 후손이 거둔다.
- 셋째, 인생은 짧다 – 짧기 때문에 한 시간, 1분, 1초가 더욱 귀

중하게 느껴지는 것이다. 그러므로 꽉 찬 인생으로 살아야한다.

- 넷째, 의지는 환경보다 중요하다 – 미국의 유명한 정신의학자 칼 메닝거가 말한 유명한 구절이다. 환경과 조건보다는 인간의 의지가 더욱 중요하다.
- 다섯째, 강한 것보다 부드러운 것이 낫다 – 극단에 치우치지 말고 유연성과 융통성을 지니는 것이 현명하다.
- 여섯째, 바른 생각과 행동이 최선의 정책이다 – 불성실한 것은 나중에 반드시 들통이 난다. 정직은 신뢰를 낳고 신뢰는 무한한 자본을 만든다.
- 일곱째, 끝이 좋아야 한다 – 경주에서는 출발도 중요하지만 골인은 더 중요하다. 나이가 들수록 더 원숙한 전문분야 리더가 되어 후회 없는 인생을 마쳐야 한다.

토의 1: 전공설계를 준비하면서 경험한 특별한 일을 알아보자.

토의 2: 전공설계에 반영된 자기 자신의 특별한 재능이 있는지 알아보자.

4.1.2 나의 성장 멘토리뷰 총정리

◆ 나는 누구인가? 자기 자신의 남다른 특별한 재능을 발견했을 때 알 수 있다.

(1) 나의 성장 멘토리뷰의 상담과정: 입학에서 졸업까지

(2) 나의 성장 멘토리뷰의 상담 내용

- 나의 성장 멘토리뷰를 통해 어떤 것을 완성하고 싶은가?
  - 캠퍼스의 모든 교수가 나의 지도교수이다: 전공 강점, 캠퍼스 교육 시스템의 강점, 나의 개성화 강점 등을 통한 가장 바람직하고 가장 적합하고 나의 강점을 강력하게 살릴 수 있는 방법을 찾는다.
  - 전공 혹은 일거리에서는 나만의 재능과 연관된 지식이 있다: 나만의 일맥을 찾아 전문가가 되는 길을 찾는다.
  - 캠퍼스의 모든 학생은 특별한 재능이 있다: 이 교재를 통해 작성된 자신의 전공설계를 바탕으로 4년간 나의 성장 멘토리뷰를 통해 자신의 개성화 강점과 전공설계를 개선해 나간다.
- 나의 성장 멘토리뷰의 양식

나의 성장 멘토리뷰

상담기간	항목	나의 성장	상담교수의 멘토	상담결과

- 상담기간 란은 나의 성장 관련 내용이 시작된 날부터 상담교수 혹은 멘토와 상담이 완료된 날까지의 기간을 적는다.
- 항목 란은 상기 도움 받을 정보를 함축적으로 간략히 적는다.
- 나의 성장 란은 항목의 내용 중 성장 관련 내용을 적는다.
- 상담교수의 멘토 란은 상담교수와의 멘토 내용을 요약하여 적는다.
- 상담결과 내용 란은 항목에서 직접적으로 개선된 부분을 요약하여 적는다.

토의 1: 나의 성장 멘토리뷰의 성공적인 사례를 알아보자.

토의 2: 나의 성장 멘토리뷰를 근거로 특별한 경험을 알아보자.

4.2 실천적 추진행동 계획

4.2.1 필요 인맥의 인식과 도움 요청: 무엇을, 어디서, 누구에게, 어떻게 요청할 것인가?[2)]

◆ 전공 설계 로드맵 작성에 도움을 주는 사람을 만난다는 것은 행운이다.

◆ 행운은 노력하는 사람에게만 온다.

(1) P.I.M. Method

- P.I.M. Method를 근거로 전공설계에 필요한 필요 인맥의 인식과 도움 요청에 대해 재구성하였다.
  - 전공설계 정보수집을 위해서는 상상이 안 되는 많은 행동 실천이 필요하다. 대체로 MBTI 검사에서 내향성의 성격을 가진 사람들은 이 정보수집을 위한 상담이 어렵게 느껴질 것이다.
  - 수줍음을 잘 타는 사람들, 낯을 가리는 사람들은 전공설계를 위해 돌아다님을 힘들어 한다. 이런 사람들에게 P.I.M.은 큰 도움이 될 것이다. 이런 사람들은 정보수집을 위한 상담에 직접 뛰어들지 말고, 사전에 정보수집 및 전공설계 상담을 위한 연습과 훈련을 열심히 해야 한다. Pleasure Interview는 놀이삼아 하는 정보수집 연습을 말한다.

2) 존크리스털의 취업정보수집을 위한 P.I.E. Method의 내용을 토대로 전공설계를 수행하는데 필요한 인맥의 인식과 도움 요청 등으로 응용하였다. 원래 J. Crystal이 창안한 용어이었다. Crystal은 Practice Field Survey라고 했는데, 이는 조사활동을 연습한다는 뜻이다. 그는 2차대전 당시 스파이로 근무했다고 한다. 은퇴 후 구직자교육을 하는 과정에서 취업정보수집을 성격상 잘 못하는 사람들을 만났다. 그래서 이들을 연습시키는 프로그램을 개발했던 것이다.

- 전공설계 정보수집을 위한 상담하는 방법을 훈련하는데 이용하고자 한다.

P = Pleasure Interview 또는 Practice Field Interview(Crystal) 실제 상담의 어려움을 극복을 위한 연습 **I** = Informational Interview 정보수집을 위한 실제 상담방법 **M** = Counseling for Major 전공설계 목적의 실제 상담방법

- 존 크리스털(John Crystal[3])은 생전에 많은 상담을 했는데, 그 가운데 수줍음을 타는 사람들을 종종 만나게 되었다. 이런 사람들은 구직에 대해서는 말할 것도 없고, 단순히 정보수집만을 위해 사람을 만나는 데도 겁을 먹었다. 그래서 존은 이들 '수줍음을 타는 사람들'을 돕기 위해 여러 가지 방법들을 생각해냈다. 정보수집에 앞서 우선은 사람들에게 말을 거는 데 익숙해질 필요가 있었다. 그래서 정보수집을 나서기 전에 주제가 무엇이 되었든 상관하지 말고, 사람들에게 말을 많이 건네는 연습을 해두어야 한다는 제안을 했다. 여기에 착안하여 전공설계를 위한 캠퍼스의 전공 교육시스템, 캠퍼스 교육시스템, 캠퍼스 밖의 교육시스템과 관련된 수많은 사람 및 기관들을 활용하여 정보수집을 성공적으로 수행할 수 있도록 하고자 한다.

3) John C. Crystal, a career planner known for his unorthodox job-seeking methods, died of acute emphysema Saturday at North Shore Community Hospital in Manhasset, L.I. He was 67 years old and lived in Manhasset.

- 유럽의 구직 전문가 다니엘 포호(Daniel Poror)는 존의 이러한 방법을 받아들였고 이를 더욱 조직화하는 데 성공했다. 그는 존이 세 가지 종류의 면접을 권했다고 말한다. 이를 면접 대신에 상담으로 바꾸고, 채용대신에 전공설계로 바꾸어 재구성하고자 한다.
- '연습을 위한 상담' '정보수집을 위한 상담' '전공설계를 위한 상담'이 바로 그것이다. 세 단계의 상담을 '상담의 파이 방법(the PIM Method of counsel)'이라고 하자. 여기서 P는 준비 단계를 의미한다. 이 준비 단계은 '연습 상담(Practice Counsel)'와 '말붙이는 즐거움(Pleasure)'의 의미를 동시에 가지는 것으로 하자. I는 '정보수집 상담(Informational Counseling)'을 의미한다. M은 전공설계를 도와줄 수 있는 지식을 가지고 있는 사람과의 '전공설계 상담(Counseling for Major)'을 의미한다.
- 그러면 여러분이 사람을 만나서 말을 건네는 연습을 할 때 P를 어떻게 활용하면 좋은가? 이를 위해선 먼저 이야기의 주제를 골라야 한다. 주제는 시시하거나 한심한 것이라도 상관없다. 가족과 친구들과 이야기를 나누면서 즐길 수 있는 것이기만 하면 된다. 이때 불안감을 없애기 위해서 피해야 할 것이 있다. 여러분이 마음에 두고 있는 직업이나 취미와 관계된 주제를 다루어서는 안 된다는 것이다.
- 그 외에도 좋은 이야깃거리는 다음과 같은 것들이다.
  - 좋아하고 즐겨하는 취미(스키 타기, 글짓기, 운동, 컴퓨터 등)
  - 열정적으로 즐기는 여가활동(콘서트, 영화관람 등)
  - 오랫동안 가지고 있는 호기심거리(기후 예측이나 경찰관 업무에 대한 것 등의 개인적인 관심사)
  - 살고 있는 동네나 도시에서 일어나는 일 등과 관계된 것(최근에 개장한 쇼핑몰, 대형 마켓, 문화센터 등)

• 평소에 관심을 갖고 있던 논쟁거리(생명, 환경, 무주택자, 생태계, 평화 등)

- 그런데 이야깃거리의 주제를 고르는 데 있어서 한 가지 조건이 있다. 그것은 무엇보다도 자신이 즐겁게 이야기할 수 있어야 한다는 것이다. 반드시 잘 아는 주제일 필요는 없다. 다만 전공설계에 대한 열정이 있기만 하면 분명 전공할 것이다.
- 자신이 하고 싶은 전공설계만을 주장하는 것은 다른 사람들을 지루하게 만들기 쉽다. 전공설계를 하더라도 너무 전문적일 필요는 없고 누구나 좋아하고 편하게 얘기할 수 있는 것들이 훨씬 낫다.
- 처음에는 가장 가까이에 있는 사람들과 대화를 시작한다. 예를 들면, 가족이나 캠퍼스 친구, 전공교수, 상담교수와 자연스럽게 대화가 이루어지면 캠퍼스 교직원 및 캠퍼스 외부로 범위를 좀 더 넓혀 나간다.
- 우선 전화로 친구나 가족들에게, "이런 것에 대해 이야기하기를 좋아하는 사람, 누구 알고 있습니까?" 하고 물어본다. 대화를 나눌 사람들을 만나는 것은 그리 어려운 일이 아니다. 당신이 만일 글짓기에 대해서 말하고 싶다면, 인문대학의 국문과 교수를 찾아간다. 또한 고급 공무원에 대해서 말하고 싶다면 행정학 전공 교수를 찾아가거나, 시청 공무원을 찾아가는 것이다.
- 당신이 열정을 갖고 있는 분야의 주제를 나눌 사람을 찾기만 하면, 찾아가서 만나고 이야기를 나눈다. 그러나 사람들과 얼굴을 맞대고 만나게 될 때, 첫 번째 할 일이 있다. 그것은 상대방이 느낄지 모르는 불안감을 미리 해소시키는 것이다. 불안감을 갖지 않게 하려면 "제게 10분 정도만 시간을 내주시겠어요?"하고 말한다. 상대방에게서 시간을 많이 뺐지 않을 것이라는 점을 미

리 알려야 한다. 당신도 누가 찾아왔을 때 오랫동안 가지 않고 있어서 짜증났던 경험이 있을 것이다. 10분이 적당하다. 그 이상은 안 된다. 상대방이 더 얘기하자고 진심으로 부탁하기 전에는 절대로 10분을 넘겨서는 안 된다.

머리글자 / 항목	P (Pleasure, 연습)	I (Information, 정보수집)	M (Major, 전공)
상담의 종류	연습 상담	정보수집 상담	전공설계 상담
목적	즐거운 마음으로 사람들에게 쉽게 말을 건넬 수 있는 습관을 기르기 위한 연습. 네트워크 속으로 '파고 들어가기' 위한 준비	전공설계 노력을 쏟기 전에 대상 전공이 과연 교육되는 곳인지 확인하기 위한 정보수집이 목적	자신이 원하는 전공설계가 성공적으로 이루어지도록 하기 위한 것
누구와 함께 가는가?	누구와 함께 가든 좋다.	혼자서 또는 누군가와 함께 갈 수 있다.	가급적이면 혼자서 간다.
누구와 상담을 하는가?	이야기를 나눌 수 있는 사람이면 누구라도 좋다. 그러나 자신의 전공설계와 직접적인 관련이 없는 주제여야 한다.		
시간을 얼마나 길게 요청하는가?	10분을 절대 넘기면 안 된다. 11시 50분에 약속하면 약속된 10분을 넘기지 않게 될 것이다. 점심 약속이 있을 것이므로.	10분을 절대 넘기지 않는다.	
무엇을 물어보는가?	공동의 관심사나 혹은 자신이 알고 싶어 하는 호기심거리, 열정적으로 즐기는 것들에 대하여.	자신이 원하는 전공 또는 일에 관해서 궁금한 점.	교육시스템과 졸업 후 진로에 대하여. 자신이 좋아하는 점과 원하는 종류의 전공 혹은 일에 대해서.
	별일이 일어나지 않으면 이렇게 묻는다.	별일이 일어나지 않으면 이렇게 묻는다.	어떤 전공설계의 과제에 당신이 잘 대응하는지 말한다.
	1. 취미 활동(관심거리, 신나는 일)어떻게 시작하게 되었습니까? 2. 무엇이 가장 신나며, 좋습니까? 3. 취미 활동(관심거리, 신나는 일)에서 무엇이 가장 싫고, 나쁜 점은 무엇입니까? 4. 이런 취미 활동(관심거리, 신나는 일)을 같이 하는 동호인들이 있습	1. 이 전공이 어떻게 관심을 가지게 되었으며, 어떻게 전공교육을 하셨습니까? 2. 이 전공의 어떤 점이 가장 좋으며, 신이 납니까? 3. 이와 비슷한 종류의 전공 혹은 일을 하고 있는 다른 분을 알고 계시는지요? 4. 이 전공을 할 때 어떤 문제들이 발생하고 있으며, 어떤 도전을 받고 있습니까? 5. 그러한 문제나 도전을 해결	과제에 기꺼이 응하고 탁월하게 설계할 수 있는 당신의 능력(소질)을 말한다. 과거의 설계 경험을 설명한다.

	니까? 5. 그들을 만나 볼 수 있을까요? 6. 당신이 만나 보라고 권했다고 해도 되겠습니까? 7. 당신이 저를 추천해 주셨다고 해도 되겠습니까?	해 나가려면 어떤 능력(소질)이 필요합니까? 6. 이 전공에서 가장 싫어하는 점은 무엇입니까?	
	추천 받은 사람의 이름을 적는다.	추천 받은 사람의 이름을 적는다.	
만나고 난 다음, 당일 저녁에	감사편지를 써 보낸다.	감사편지를 써 보낸다.	감사편지를 써 보낸다.

열정

'상담' 성공의 열쇠는 이런저런 요령을 외워두는 데만 있지는 않다. 열쇠는 딱 하나다. 자신이 열정을 느끼는 것에 대해서 말로 표현할 수 있는 준비를 하고 있어야 한다. 열정이야말로 상담의 열쇠다. 어떤 전공설계든지, 상담을 성공적으로 끝내는 열쇠는 바로 '열정'이다. 자신이 진정으로 좋아하는 것에 대해 이야기할 때는 수줍음이나 부끄럼 따위가 끼어들 틈이 생기지 않는다. 말하는 것이 부담스럽거나 곤혹스럽지 않다. 만일 당신이 정원 가꾸기를 엄청나게 좋아한다면, 사람들과 이야기를 나누면서 정원과 꽃을 말하는 데 수줍음을 느끼겠는가? 만일 여러분이 영화를 좋아한다면, 영화에 대해서 이야기를 나눌 때 수줍어할 사이가 없을 것 아닌가. 또한 만일 여러분이 컴퓨터 애호가라면, 그것에 대해서 이야기할 때 수줍음을 탈 이유가 없을 것이다. 사람과 대화를 나누는 기회를 찾고 발굴하기 위해서는 먼저 자신의 열정을 끌어내는 것이 중요하다. 취미가 그렇고, 전용성 소질이 그렇고, 흥미로워 하는 주제가 그런 것이다. 그러면 이들의 강점을 살릴 수 있는 전공설계가 이루어질 것이다. 모두가 열정과 관계되어 있는 것들이다.

– 일단 10분 간 시간을 얻으면, 제일 먼저 여러분은 상대를 만나고 싶었던 이유를 말해야 한다. 그런 다음 상대방과 공통된 관심거리를 찾아 대화의 주제로 정한다. 그런 다음 무슨 말을 해야 하나? 어떤 주제든 이야깃거리는 많다. 영화를 좋아하는 여러분이 마찬가지로 영화를 좋아하는 또 다른 상대를 만났다고 하자. 여러분은 먼저 상대방한테 "최근에 어떤 영화를 보셨나요?"와 같은 질문을 던질 것이다. 여러분은 자신이 좋아하는 주제고 자주 꺼내는 이야깃거리라면, 무슨 질문부터 시작해야 할지 잘 알고 있다. 그러나 맨 처음 무슨 이야기부터 꺼내야할지 정말 모르겠다면, 다음에 나열된 것들로 말문을 열어라. 이것을 잘 보고 외워두었다가 한번 연습해보기 바란다.

- 어떻게 이런 취미(전공, 일, 기술)를 가지게 되었습니까? 무슨 계기로 여기에 관심을 갖게 되었나요?
- 이 취미(전공, 일, 기술) 활동을 하면서 어떤 점이 가장 즐겁습니까?
- 이 취미(전공, 일, 기술) 활동에서 가장 싫은 건 무엇입니까?
- 이 취미(전공, 일, 기술) 활동분야에서 제가 만나보아도 좋을, 아시는 분이 있는지요?
- 여러분 이름을 대면서 만나도 되겠습니까?
- 여러분이 만나보라고 추천했다고 말해도 괜찮을까요? (이때 여러분은, 상대방이 알려 줄지도 모르는 여러 명의 사람들 중에서 한 명을 고르면서 이렇게 말한다. "이 분부터 찾아가는 게 좋을 것 같습니다. 미안하지만, 그분한테 저에 대해 설명해 주시고 언제 찾아가면 좋을지 전화 한 번 해주실 수 있는지요?")

- 덧붙이고 싶은 것은, 여러분이 연습 상담을 하는 동안에는 친구를 대동해도 문제가 없다는 점이다. 이때 동행해 줄 사람은 여러분보다 훨씬 활발한 성격의 외향적인 사람이면 더욱 좋다. 처음 몇 번의 상담에서는 그 사람이 이야기를 끌어가도록 한다. 이렇게 하면서 그가 어떻게 하는지를 배우는 것이다. 이런 식으로 배워 가다 보면 '나도 할 수 있겠다' 싶은 마음이 들 것이다. 그때부터는 어떻게 말을 시작해야 할지 어렵지 않게 터득하게 될 것이다. 이렇게 혼자서 연습을 하든, 누구와 함께 하든, 사람과 이야기를 쉽게 나눌 수 있고, 여러분이 궁금해 하는 것들에 대해 질문을 잘 할 수 있도록 해두어야한다. 이 모든 것에는 재미가 붙어야 한다. 재미가 붙으면 일이 잘 진행될 것이다. 재미가 붙지 않으면, 재미가 붙을 때까지 계속해 나가도록 한다. 네 명을 만나야 재미를 붙이게 될 수도 있고, 열 명을 만나야 재미가 나기 시작할 수도 있다. 아니면 스무 명을 만나고도 재미가 안 붙을 수도 있다. 몇 명을 만나야 할지는 여러분만이 알고 있다.

요약

여러분이 여기저기 돌아다니고 사람들에게 물어 가면서, 어디서 공부 혹은 실험하고 싶은지를 알아보는 것에 한계는 없다. 당신이 전공설계를 하고 싶은 곳을 찾아다닐 때, 그곳에서 현재 그 사람이 전공에 맞는 직업을 갖고 있는지 여부는 따질 필요가 없다. 전공이나 관련된 직업을 찾아다니며 부지런히 공부를 해서, 정말 자신이 원하는 일이 무엇인지 확인하라. 그런 다음 전공설계를 결정해도 늦지 않다. 그렇게 한 뒤에야 비로소 꿈의 전공설계가 여러분에게 맞춤형인지 묻도록 하라.

4.2.2 직업선택과 전공설계 사례 발표

토의 1: 최종 수정된 전공설계를 통해 가장 보람된 점은 무엇인가?

토의 2: 전공설계를 근거로 자기 자신의 재능과 일맥(직업)에 대해 알아보자.

참고문헌

1. 김봉환, 김병석, 정철영, 학교진로상담, 학지사, 2004.
2. 김흥국, 경력개발의 이론과 실제, 다산출판사, 2002.
3. 권정호, 김동원, 이윤식, 이윤희, 이재석, 이지연, 인간관계와 리더십, 양서원, 2008.
4. 볼스, 리처드 N. 지음, 조병주 옮김, 당신의 파라슈트는 어떤 색깔입니까?, 동도원, 2002.
5. 양창삼, 인간관계의 이해-상한 관계의 치유, 창지사, 2005.
6. 이수용, 인간관계와 심리, 학지사, 2002.
7. 조남두, 인간관계론, 동문사, 2007.
8. 조병주, 경력설계와 진로개발 강의노트(제13차 개정본), 아주대학교 경영대학, 2009.
9. 장이채, 인재학습, 건국대학교 글로컬캠퍼스 자율전공학부 인재학습 강의노트, 2011
10. 최정희, 최병우, 안인자, 예비사서의 경력 미결정 요인에 관한 연구, 한국비블리아학회지, 제17권, 제1호, p.266, 2006.
11. 최병우, 최정의, 김형기, 경력결정요인과 성격유형의 조절효과에 관한 연구, 한국도서관정보학회지, 제39권, 제3호, p.54, 2008.
12. Bolles, Richard N. (1998). *What Color Is Your Parachute?*. San Francisco, CA: Ten Speed Press.
13. Bolles, Richard N. (2001). *What Color Is Your Parachute?*. San Francisco, CA: Ten Speed Press.
14. Bolles, Richard N. (2006). *What Color Is Your Parachute?*. San Francisco, CA: Ten Speed Press.
15. Bolles, Richard N. (2009). *What Color Is Your Parachute?*. San Francisco, CA: Ten Speed Press.

웹사이트

1. www.guidance.co.kr (한국 가이던스)
2. www.keis.or.kr (한국고용 정보원)
3. www.jobhuntersbible.com (What color is your Parachute?)[4)]
4. www.online.onetcenter.org (O*NET)[5)]
5. www.work.go.kr (워크넷)
6. www.koreanlp.co.kr (한국 NLP 센터)

---

4) 홈페이지에서 발췌: Hi, I'm Dick Bolles. I'm your guide here. This site is designed as a supplement both to my annual, What Color Is Your Parachute: A Practical Manual for Job-Hunters and Career-Changers, as well as to my new 100 page book, The Job-Hunters' Survival Guide: How to Find Hope and Rewarding Work, Even When 'There Are No Jobs."

5) 홈페이지에서 발췌: O*NET OnLine has detailed descriptions of the world of work for use by job seekers, workforce development and HR professionals, students, researchers, and more!

찾아보기

사

아

자

장이채

2011.03~현재 건국대 컴퓨터공학과 교수
1987.03~2011.02 건국대 전산수학과 교수
2011.07~현재 Discrete Dynamics in Nature and Society (Hindawi Publishing Corporation, SCIE), Editor
2010.09~2012.08 Journal of Applied Mathematics and Computing (Springer Journal, SCOPUS), Associate Editor
2009.11~2011.01 미래대학장
2009.08~2011.01 자율전공학부장
2009.09 교육과학기술부 선정 "2009년 기초학문분야 우수학술도서" 선정 (비아르키메디언 적분과 그 응용, 교우사)
2008.07~2009.01 기획조정처장
2007.03~2008.02 KLP(건국 리더 프로그램: 기숙사 프로그램) 연구위원 겸 지도교수
2004.08~2006.08 자연과학대학장
2003.03~2005.10 제2주기 대학종합평가, 자체평가 연구위원 (발전 및 비전 영역: 최우수)
2003.01~현재 한국학교수학회, 부회장
1998.09~2000.08 (GLOCAL(글로컬)캠퍼스)사회교육원장 보육교사교육원장
1997.07~1998.06 Cincinnati University(U.S.A.) 교환교수

〈논문〉

- L. C. Jang, J.S.Kwon, On the representation of Choquet integrals of set-valued functions and null sets, Fuzzy sets and Systems, 112(2000), 233-239.
- L. C. Jang, A note on convergence properties of interval-valued capacity functionals and Choquet integrals, Information Sciences 183(2012), 151-158.
- 그 외 SCI급 논문 52편, Scopus 논문 8편, 학술등재논문 46편, 기다 국제학술지 34편 등

〈홈페이지〉 http://sparc.kku.ac.kr/~lcjang

직업선택을 돕기 위한
미래산업과 리더십

초판 발행 | 2012년 2월 25일

지 은 이 장이채
펴 낸 이 오상훈
펴 낸 곳 교우미디어

주 소 서울시 동대문구 약령시로 8 교우빌딩 2층
전 화 (02) 925-2866, (02) 925-2861~2
팩 스 (02) 925-2860
이 메 일 kyowoo@kyowoo.co.kr
홈페이지 www.kyowoo.co.kr
등록번호 제305-2011-000007호

ISBN 978-89-968148-7-0 03320 값 12,000원

교우미디어는 교우사의 임프린트 출판브랜드입니다.